RÉQUISITOIRE

DE M. LE PROCUREUR GÉNÉRAL PRÈS LA COUR ROYALE DE PARIS,

CONTRE

LE CONSTITUTIONNEL,

SUIVI

Des Articles incriminés dans le Constitutionnel, *à la suite du Réquisitoire, ainsi que de l'Ordonnance de* M. *le premier Président, et de l'exploit de signification.*

PARQUET DE LA COUR ROYALE DE PARIS.

A M. le conseiller d'État, pair de France, premier Président de la Cour royale de Paris.

Le conseiller-d'état, procureur général de S. M. près ladite Cour royale, a l'honneur d'exposer ce qui suit :

Nos dissensions politiques ont cessé.

La démagogie, vaincue par la sagesse et les vertus de nos rois, a perdu toutes ses coupables espérances.

Elle a dû renoncer à tous ces rêves insensés d'un autre gouvernement, d'une autre dynastie.

Le peuple français s'est éclairé par ses malheurs.

Il veut la liberté, c'est-à-dire le règne des lois, et non pas cette licence qui mène au despotisme par l'anarchie.

Quelques brouillons s'agitent bien encore, qui cherchent à raviver des erreurs révolutionnaires, définitivement jugées par le bon sens de la France. La France se souvient des échafauds, des glacières, et de tout le bonheur dont nous avons joui sous les hommes qui tenaient le même langage que les nouveaux protecteurs des droits du peuple.

Le peuple se confie dans cette race auguste et française, qui a juré nos institutions, placées naguère par notre roi lui-même sous la garantie céleste.

Le peuple laisse la voix des désorganisateurs se perdre dans le désert. Il sait que son protecteur naturel est le trône, parce que le trône est au-dessus de tous les intérêts, de toutes les passions, et il souffre désormais impatiemment qu'on calomnie des vertus dont chaque jour il recueille les fruits, ou bien une autorité qu'il trouve en tous les momens, fidèle à ses promesses.

Ces ennemis de tout ordre, qui sèment du trouble pour recueillir du pouvoir, ont dû changer de plan.

**OBSERVATIONS
EN RÉPONSE.**

Ils en ont changé.

Ils ne se sont plus attaqués à la monarchie, parce qu'elle est dans nos cœurs, et que nous avons tous vérifié qu'elle est aussi dans nos besoins.

Ils, ont pris une route bien autrement funeste ; car celle-ci mène plus loin qu'à la destruction du trône, elle mène à la destruction de la société elle-même, quelleque soit la forme de son gouvernement.

C'est la religion, qui, dans leurs noirs complots, est aujourd'hui devenue le point de mire de leurs attaques ;

La religion , unique refuge des puissances dans leurs peines de cœur, et dans les catastrophes sans remède humain, dont on ne sait pas garantir même le diadème ;

La religion, ce sublime moyen de compensation des misères et des souffrances du pauvre;

La religion, pour tous, la seule source infaillible et vraie du bonheur individuel;

La religion , enfin , indispensable supplément de l'impuissance des lois.

Et pourquoi toutes ces tentatives furieuses contre cette fille du Ciel ?

Parce qu'avec la religion, si le fanatisme philosophique l'emporte, tout ce qui existe croule encore une fois, et qu'au milieu de cette ruine immense chaque ambitieux espère se saisir d'un débris pour s'en faire un pied d'estal.

Mais ces hommes sont trop habiles pour l'attaquer de front et toujours à découvert.

Ecrasez l'infâme est leur mot de ralliement secret : on peut s'en convaincre à leur idolâtrie pour le chef qui la leur donna.

Ce n'est plus leur mot de ralliement public.

Ils savent qu'il révolterait.

Ils procèdent par des moyens plus adroits.

Ils emploient quelquefois encore l'audace, quand leur rage les trahit , mais, plus souvent l'hypocrisie.

L'hypocrisie a gagné jusqu'à leurs journaux.

Parmi ceux-ci, il en est deux surtout dont elle est devenue l'arme favorite : ce sont *le Constitutionnel* et *le Courrier* , que le soussigné ne saurait tarder plus long-temps à dénoncer à la Cour pour leur tendance coupable à porter atteinte au respect dû à la religion de l'état.

C'est au nom de Dieu que ces apôtres nouveaux blasphèment Dieu et les choses saintes.

C'est souvent en professant une vénération apparente pour la religion de Jésus-Christ qu'ils s'efforcent de la saper dans ses fondemens.

Ils cachent ordinairement leurs intentions, mais leurs intentions peuvent être reconnues à leurs œuvres.

Or, leurs œuvres, les voici :

Mépris déversés sur les choses et les personnes de la religion ;

Provocation à la haine contre les prêtres en général ;

Acharnement à propager contre eux des milliers d'accusations fausses, au milieu desquelles s'en produisent quelques-unes de vraies, qu'on a grand soin de ressasser et d'empoisonner.

Tels sont les moyens perfides employés à présent par ces deux journaux inculpés, pour arriver à leur but, qui est de détruire la religion catholique, pour y substituer le protestantisme ou plutôt le néant de la religion.

C'est ce dont l'esprit le plus superficiel peut se convaincre en parcourant leurs feuilles.

Il est dans la religion catholique de pieuses pratiques qui ne sont nullement de préceptes, nullement obligatoires pour personne, mais qui plaisent aux âmes tendres dont elles entretiennent la ferveur.

L'Eglise ne les commande pas, l'Eglise ne les défend pas non plus, l'Eglise les voit même avec faveur, comme des hommages à la Divinité, d'autant plus louables qu'ils sont plus spontanés, et aussi comme autant d'occasions de rappeler aux fidèles réunis leurs obligations envers Dieu et leur prochain. C'en est assez pour exciter la colère des modernes iconoclastes. Aucune de ces pratiques ne saurait trouver grâce à leurs yeux. Les plantations de croix, les dévotions particulières à tels saints que la contrée regarde comme ses patrons, des pèlerinages vers certains lieux consacrés, ou par quelques-uns de nos saints mystères, ou par des traditions antiques, ou par le reconnaissant souvenir, soit de quelque péril conjuré, soit de quelques vœux exaucés, sont autant d'actes qu'ils dénoncent à la risée publique comme des actes d'une fantasmagorie ridicule ; peu s'en faut qu'ils ne s'indignent contre les magistrats de ce qu'ils n'infligent aucun supplice à des hommes assez pervers pour ne pas rougir de leur croyance, et pour se complaire dans des cérémonies que leur a léguées la foi paternelle ; ce que voudraient, du moins, ces zélateurs si ardens de nos libertés, toujours prêts à pousser de grandes clameurs contre toute atteinte au droit qu'ont les citoyens de faire ce que la loi ne défend pas, c'est qu'on dissipât ces rassemblemens de prières, comme on chasse des malfaiteurs. Ah ! sans doute que l'autorité se garde bien de troubler les grandes réunions formées pour le plaisir, les assemblées de danses, de jeu, de spectacles et même trop souvent de débauche ; c'est là qu'il y aurait crime et scandale si elle ne souffrait pas tout. Mais il y a crime et scandale à souffrir que des fidèles se trouvent dans de mêmes lieux, ou pour chanter les louanges de Dieu, ou pour entendre de déifiantes exhortations, ou bien enfin pour porter en triomphe l'auguste signe de notre rédemption, auquel nul vrai chrétien ne saurait refuser ses respects sans apostasie ; rien ne doit contenir ce qui est profane, il n'y a point assez de chaînes pour tout ce qui est sacré. Voilà la tolérance des philosophiques, voilà le christianisme de leurs journaux.

Ils pensent et parlent de même de points bien autrement vénérables pour les esprits religieux : les miracles, les canonisations, l'invocation des saints, ne sont

(4)

pas seulement des articles d'édification, ce sont des articles de la foi catholique ; il est permis sans doute d'argumenter contre les canonisations, tant qu'elles ne sont pas prononcées ; ou bien de nier tel miracle en particulier, pourvu qu'on ne sorte pas de la décence et du respect qui ne doivent jamais abandonner des controverses pareilles Mais dégrader, par l'expression, comme le font les deux journaux, certains miracles ; mais tourner en dérision certaines canonisations, mais n'en controverser les faits que pour faire rejaillir un mépris général sur toutes les canonisations, sur tous les miracles, sur l'invocation des saints ; mais enfin, ne porter dans une telle discussion, ainsi que le ton de moquerie perpétuelle le démontre, d'autre volonté que celle de présenter tous les actes de la religion comme un ramas de superstitions puériles, et la religion elle-même comme un mensonge qui n'a d'autre but que de tenir les hommes dans l'ignorance, d'éteindre toutes les lumières et de propager l'erreur, c'est un système anti-religieux, anti-social, qui ne saurait sans danger rester impuni.

L'acharnement des deux journalistes ne s'arrête pas là.

S'ils n'épargnent pas les cérémonies et les religions éphémères du culte, ils sont bien moins disposés au respect pour les réunions qui peuvent faire croire à quelque durée, comme celle des Trappistes, des frères de la Doctrine, des frères de la Charité, etc. C'est surtout sur ces institutions effrayantes qu'ils croient devoir lancer tous les foudres philosophiques ; à l'aspect de ces ambitieux d'une espèce nouvelle, dont les uns ne connaissent d'autres jouissances que des austérités surhumaines, d'autre monde que leur enclos, d'autres amis que les pauvres qu'ils soulagent, en partageant avec eux les fruits de leurs rustiques travaux ; dont les autres ne veulent pour élèves que des cliens, que des enfans grossiers, avec lesquels ils commettent en effet l'irrémissible crime, un peu trop rare dans quelques autres institutions, de leur enseigner la religion et la morale, et de veiller même hors des écoles sur leurs mœurs, non moins que sur leurs exercices ; dont les autres enfin, aspirent à soigner pour l'amour du Ciel, les plus hideuses et les plus redoutables infirmités humaines ; ils demandent fièrement ce que deviennent les lois qui ne reconnaissent pas de corporations religieuses.

Nous leur demandons à notre tour, ce que devient ce grand principe si juste au fond, le principe si souvent invoqué par eux, qui permet de faire tout ce que la loi ne défend pas ?

Si la loi ne reconnaît pas les vœux perpétuels, elle ne dénie pourtant, à qui que ce soit, le droit de s'habiller comme il lui plaît, de régler l'emploi de son temps à sa fantaisie, de prier Dieu où il veut, et de se joindre à ses voisins ou bien à ses amis, pour le prier dans une maison commune.

Eh ! quoi ! encore une fois, on peut se réunir, les théologiens disaient pour pécher, tout le monde dira pour se livrer à des occupations frivoles et mondaines ; et l'on ne pourra se réunir pour adorer Dieu. Des sociétés de plaisir se forment sans opposition, et il faudra clore violemment des sociétés d'édification et de prières !

Qu'importe que ces sociétés s'appellent des couvens !

Les mots n'altèrent pas les droits.

Si les hommes qui se renferment dans les couvens n'y restent que par leur propre volonté, si au moindre mot, au moindre signe, les murs de leur retraite tombent devant eux, s'ils ont la liberté d'en sortir à tout jamais, aussitôt qu'ils en ont conçu même la pensée ; en quoi donc la loi est-elle violée d'y laisser demeurer ceux qui n'en veulent pas sortir, au milieu de compagnons de leur choix, comme dans un port où ils sont à l'abri des tempêtes et des agitations de la vie ?

C'est le propre des gouvernemens libres, qu'en tout ce qui ne blesse ni la loi, ni l'intérêt d'autrui, chacun puisse faire son bien être à sa manière. De quel droit le *Constitutionnel* et le *Courrier* veulent-ils contraindre les religieux de la Trappe, de la Doctrine, et de la Charité, à aller leur demander ce qu'ils doivent faire, avec qui ils doivent vivre et où ils doivent demeurer ?

Mais ici même on sort des limites étroites de la question.

Il ne s'agit plus d'une thèse religieuse.

L'existence des couvens, avec la liberté d'en sortir, est-elle prohibée, est-elle un mal social ?

La vraie philosophie fût-elle toute seule, et privée de la foi, ne serait pas embarrassée de la réponse, elle la trouverait dans l'expérience des siècles et dans les besoins du temps.

Toutes les religions, vieilles ou modernes, ont eu leurs lieux de retraite, de recueillement, d'expiation. Chez les payens même, la raison d'accord avec la politique, les protégeait.

Éleuzis et Memphis étaient sacrés, comment se ferait-il que ce fut dans la religion catholique toute seule que fussent proscrits ces sanctuaires ? Comment se ferait-il qu'ils dussent l'être, surtout après les terribles agitations que nous avons traversées ?

Que fera-t-on pour tant de maux irréparables qui en sont sortis ?

De grandes infortunes ont besoin d'un asile loin du spectacle des passions, devenu intolérable pour ceux qui en ont tant souffert.

Il faut aux coupables ignorés ou pardonnés par nos lois, mais auxquels n'a point pardonné leur conscience, moins indulgente, un refuge dans la pénitence non-seulement contre le remords, mais peut-être, si on les condamnait au désespoir, contre la tentation de commettre de nouveaux forfaits.

Les plaisirs du cœur, aussi, sollicitent de tranquilles solitudes, où la douleur puisse s'épancher sans contrainte et libre de tous les assujettissemens du monde, dans le sein de celui qui seul sait rendre le calme aux âmes profondément blessées.

Souvent enfin, et dans tous les temps, le désert fut à la fois une ressource et un remède pour les imaginations ardentes, pour les caractères farouches, pour les orgueils ombrageux, et pour une multitude d'autres infirmités intellec-tuelles. Trop faibles, les hommes, ainsi malheureusement organisés pour résister à leurs penchans de désordre dans le monde, ils ont du moins la sagesse, en se dévouant à la vie cénobitique, de mettre une barrière entr'eux et lui. Beaucoup d'exemples ont prouvé que leur courageuse résistance porte ses fruits. En s'éloignant de ce qui les irritait, en se retrempant dans la méditation des doctrines sublimes, qui recommande pour soi l'humilité et la charité pour les autres, ils ont trouvé la paix de l'âme, ils ont laissé la paix au monde; la société et la religion ont dû jouir à la fois de cette double conquête.

Ce n'est donc pas seulement impiété, c'est atteinte à l'intérêt social de cher-cher à flétrir ces salutaires institutions, qui, sans pouvoir enchaîner jamais la liberté de personne, garantissent le bonheur de quelques-uns et la sécurité de tous.

Ces vérités devraient frapper de leur évidence, même l'esprit de parti.

Mais l'esprit de parti ne se laisse pas éclairer.

D'ailleurs il n'a pas de bonne foi.

Quand les raisons lui manquent, il cherche des prétextes.

Il en est deux surtout dont il s'est armé contre les institutions religieuses.

A l'en croire, toutes dévorées d'une ambition monstrueuse, elles veulent faire irruption dans la politique, tyranniser les consciences, et le gouvernement lui-même.

A l'en croire, toutes, elles ne respirent qu'ultramontanisme et destruction des libertés de l'Eglise gallicane.

L'excès des deux reproches en prouve par cela seul l'injustice profonde.

Non, toutes les institutions religieuses ne sont pas gangrenées d'ambition.

Non, toutes les institutions religieuses ne méditent pas la ruine de nos doctrines.

Qu'au sein de quelques-unes de ces institutions saintes, il se glisse des pro-fanes; que quelques intérêts du siècle se couvrent du manteau respectable de la piété pour servir des ambitions isolées; que quelques esprits extrêmes ou peu éclairés s'exagèrent la soumission due, dans les limites si bien connues, au chef de l'Eglise : qui le nie? Où est-il l'ouvrage des hommes qui soit également pur dans chaque partie, et où leur esprit ne dépose son caractère essentiel, celui de l'imperfection? Mais, avec cette concession même, faite par la bonne foi, quel si grand danger en pourrait-il naître, surtout dans l'état actuel de l'opinion religieuse?

Ne fermons pas volontairement les yeux à la lumière.

Non, non, ce n'est pas aujourd'hui le fanatisme, ce n'est pas ce vieux fan-tôme de l'ambition du clergé, évoqué de la poussière des tombeaux où repose sa puissance détruite, qui est à craindre : l'esprit du siècle, quand ce ne serait pas le devoir, la raison et l'intérêt du gouvernement de résister, y ferait tout seul un contrepoids suffisant.

C'est l'athéisme, c'est le matérialisme, ces deux grands dissolvans de toute organisation sociale, qui, sous quelque marque qu'ils prennent, sont à réprimer, parce que là est le péril commun ; ce sont là les ennemis qu'il faut combattre, sous peine de périr. Il faut les combattre sans se laisser détourner de cette guerre forcée par de vaines terreurs, qui ne sont répandues avec tant de perfidie que pour donner le change aux esprits crédules.

Toutefois, que ceux-ci se rassurent.

S'il était vrai que des actes matériels et extérieurs se produisissent jamais pour soumettre le sceptre à l'encensoir ; si jamais, ce que, grâces à Dieu, rien ne présage, la dignité de la couronne devenait l'objet d'entreprises qui n'en seraient pas moins coupables pour être qualifiées de religieuses, la résistance ne se ferait pas long-temps attendre.

On verrait que l'esprit de la vieille magistrature n'est pas éteint dans la nouvelle.

Chrétiens sincères, sujets loyaux, les magistrats connaissent leurs doubles devoirs.

Ils ne confondent point la vénération profonde qu'ils ne cesseront de porter au chef visible de l'Eglise, avec l'obéissance servile à des volontés politiques d'un souverain étranger.

Ils scelleraient leur foi de leur sang ; de leur sang aussi ils scelleraient leur fidélité au Prince.

Toujours prêts à rendre à Dieu ce qui est à Dieu, ils sont également prêts à défendre pour César ce qui est à César.

Mais les magistrats, pour rechercher personne, ne prennent pas l'ordre des factieux.

Ils n'accueillent pas avec docilité toutes ces vaines rumeurs qui dénoncent des soupçons vrais ou affectés, au lieu de dénoncer des faits légaux ; et, respectueux gardiens de la liberté civile comme de la liberté religieuse, ils ne poursuivent pas ceux que la loi ne leur permet pas de poursuivre.

Disons-en autant des doctrines.

Non , les libertés de l'Eglise gallicane ne sont pas en danger, même quand quelques rêveurs ascétiques se proposeraient d'y porter des atteintes.

Viennent des attaques vraies, et le courage des défenseurs ne manquera pas à la cause, sans qu'ils aient besoin de la traître alliance des nouveaux Pères de l'Eglise, qui vont s'instruire de la religion chrétienne dans *le Courrier* et dans *le Constitutionnel*.

Elles ne sont pas toutes éteintes , les lumières de l'Eglise de France.

Elles brillent sur plus d'un trône épiscopal, prêtes à répandre tout leur éclat au moment du besoin.

Ils existent ces vénérables débris de la vieille Sorbonne, de cet auguste corps conservateur de la foi et de nos disciples, qui mérita le beau titre de Concile perpétuel des Gaules, de ce corps utile et sage autant que saint, qui vient, pour ainsi dire, sous une forme nouvelle, d'être tiré de ses décombres par la piété royale, et autour duquel, à la voix des pasteurs, accourraient en foule tous les soldats de la religion, pour combattre avec ordre autant qu'avec science, avec vérité autant qu'avec simplicité, toutes les thèses dangereuses, même celles qui s'attaqueraient aux vérités reconnues par les plus grands prélats, l'illustre Bossuet à leur tête, et par l'assentiment universel et constant de l'Eglise de France.

Voilà les hommes qu'il faut attendre.

Voilà les hommes qu'il faut entendre.

Mais les hommes à qui la justice doit imposer silence jusque là, ce sont ceux qui ne touchent aux matières théologiques que pour les souiller, qui ne soulèvent toutes ces grandes questions que pour allumer les passions et les désordres, qui ne feignent de tant s'alarmer de l'ambition des prêtres, que parce qu'ils voudraient tout immoler à la leur, et qui ne font si grand bruit des atteintes portées, selon eux, aux libertés de l'Eglise gallicane, que parce que liberté de l'Eglise gallicane, Eglise et Religion, ils voudraient tout anéantir, s'ils le peuvent.

Et comment en douter, lorsqu'on observe la marche de ces zélés défenseurs de notre Eglise ; lorsque des choses dont ils ne parlent qu'avec dérision, passant aux personnes qu'ils ne veulent pas épargner davantage, on les voit persécuter tout ce qui porte l'habit sacerdotal et religieux avec un acharnement déplorable ; lorsqu'ils ne parlent jamais dans leurs feuilles des hommes consacrés au culte, que pour les livrer à un avilissement commun et général; lorsqu'ils dénaturent leurs discours, leurs démarches, leurs actions, leurs intentions, pour les présenter à la société comme des artisans de haine et de discordes, comme des spoliateurs des autres cultes, comme d'avides spéculateurs qui trafiquent des choses saintes ; lorsqu'ils leur reprochent sans cesse leur faste et leur cupidité ; lorsqu'ils entretiennent sans relâche la malignité publique ou des fautes réellement commises par quelques-uns d'eux, et bien plus souvent des griefs supposés et menteurs, pour attirer sur la classe toute entière l'animadversion de leurs concitoyens ; lorsqu'enfin, ils vont fouiller jusque dans le rebut des chroniques étrangères, toutes les anecdotes propres à déconsidérer la religion catholique et ses ministres.

Dans ce coupable but, il n'est rien que rejettent les deux journalistes; tout est bon à leur envie de nuire. Elle fait son domaine de tout : injures, outrages, ironies, rien n'est épargné. Chaque jour ramène le développement du même plan de déchirer et de nuire, et il n'est pas peut-être une seule de leurs feuilles où ne perce plus ou moins cette manie déchirante d'attaquer la religion et le sacerdoce.

Ainsi, les journalistes parlent-ils des ordres religieux en général, ce sont des moines oisifs, disent-ils du ton le plus outrageant, qui ne produisent rien et qui ne se reproduisent pas eux-mêmes.

Un Franciscain paraît-il dans une ville, toute la ville est choquée du spectacle grotesque que lui offre ce capucin sale et barbu.

Les Frères de la Doctrine chrétienne, ces respectables frères, à qui la démocratie, si elle pouvait être juste, semblerait devoir une reconnaissance spéciale pour les soins qu'ils donnent exclusivement à l'éducation des indigens ; ces respectables frères, à qui leur humilité a fait une loi de ne pas avoir plus de science qu'ils n'ont besoin d'en transmettre à leurs élèves pour le bonheur de ceux-ci, n'échappent point à leur mépris. Ces journalistes prennent au mot l'humilité des frères. Ce sont des *Ignorantins*. Jamais ils ne sont autrement désignés dans leurs feuilles.

Les prêtres sont des tartufes partout aux représentations théâtrales ; le peuple saisit avec transport les allusions qui les désignent ainsi.

Ils sont les ennemis de la civilisation. Ce sont des charlatans.

Les missionnaires ne cherchent, dans leur vie ambulante, que des distractions gaies et aventureuses, des caravanes *mondaines*, de *jeunes filles* à qui ils apprennent des cantiques, des prédications *nocturnes*, des dîners *somptueux* où se succèdent les mets renommés des pays qu'ils parcourent ; voilà ce qui a des attraits pour eux, voilà leur but et leur mobile.

Les écoles de théologie sont à peine rétablies, elles sont calomniées ; déjà le règne des subtilités va reprendre. On va renouveler les discussions religieuses. On pourra discuter encore sur la grâce efficace. Ce qu'on n'apprendra pas dans ces écoles, ce sera la fidélité au souverain et aux institutions de la patrie.

Même fureur à travestir, dans les ecclésiastiques, les intentions les plus pures.

Un livre d'examen de conscience effarouche la pudeur du *Constitutionnel* et du *Courrier*. C'est un recueil d'obcénités qui doit faire horreur aux pères de famille, ainsi que les prêtres qui les distribuent.

Si, par respect pour les convenances qui enseignent à ne pas mêler ce qui est saint avec ce qui est profane, les prêtres paraissent croire que les laïques, dans les funérailles, ne doivent pas élever la voix pour prononcer les éloges, c'est irrévérence pour les morts.

C'est fanatisme si, par hasard, un confesseur, parmi les nombreux élèves des écoles élémentaires qui se présentent pour la première communion, croit qu'il en est un que pour des motifs dont il est seul juge, il ne doit pas admettre encore.

Quelques précautions paternelles, prises par un évêque pour prévenir la distribution des livres non vérifiés dans les écoles soumises à sa sollicitude, sont des abus d'autorité abominables.

Quelques commodités offertes par les hermites du Mont Valérien aux fidèles qui, selon un antique usage, vont y vénérer les mystères de la Croix, deviennent des caravansérails, des retraites voluptueuses ; peu s'en faut qu'on ne dise des mauvais lieux. C'est une honte de tolérer une telle licence.

C'est aussi de la part des hermites une spéculation. Pure cupidité.

Pure cupidité qui fait distribuer des rosaires et des images aux pauvres gens des campagnes qui ne savent pas lire, et dont la ferveur a besoin, pour s'entretenir, de signes matériels. C'est là aussi un commerce scandaleux, bien autrement scandaleux sûrement que celui qui distribue aux chaumières les œuvres philosophiques de Voltaire, mises à la portée de l'indigence elle-même.

A Besançon, une location de chaises rapporte 11,000 francs; quelle concussion, quelle dilapidation de deniers des familles ! Passe pour les représentations théâtrales qui, quelquefois produisent la même somme en un seul jour. Dans ce cas, la perception devient édifiante et morale ; aussi, à Besançon, le commerce tombe-t-il tout-à-fait.

De jeunes néophites sont confirmés; ils se cotisent; chacun d'eux paie cinq sols pour parer l'église. Comment les tribunaux ferment-ils les yeux sur d'aussi affreuses exactions, et comment se trouve-t-il des prêtres assez cupides pour se les permettre.

Une chapelle, dans un hôpital, est rendue à l'hôpital même à qui elle appartenait, par l'autorité compétente, qui juge qu'elle a du être délaissée par les protestans, faute de titre suffisant de ceux-ci. Selon un usage invariable de l'Église, d'adresser à Dieu le cantique d'action de grâces, lors de la bénédiction de tout lieu consacré au culte, le *Te Deum* est chanté par le chapelain : les catholiques n'ont chanté le *Te Deum* que pour triompher des protestans ; haine aux catholiques !

Un évêque s'agenouille dans les temples sur un carreau. Quelle molesse ! blâme aux évêques ! Des pierreries brillent, dans quelques grandes cérémonies, sur les habits sacerdotaux ! Quel faste ! blâme aux évêques !

Dans ce siècle d'éminente simplicité, ils montent bien quelquefois en carosse. Vit-on jamais un tel orgueil ! et comment s'alimente t-il cet orgueil ? par l'inégale répartition des salaires ecclésiastiques. Les pauvres curés de campagne n'ont rien; les évêques jouissent d'une opulence scandaleuse : haine aux évêques ! Haine aux prêtres de Saint-Vincent aussi ! haine aux frères de la Charité ; leurs intérêts terrestres et la fiscalité, voilà le mobile des premiers. Les seconds veulent évidemment rentrer dans tous les hôpitaux. Rentrer dans les hôpitaux ! reconquérir ambitieusement le titre de serviteurs des malades tourmentés par les plus dégoûtantes infirmités ! vouloir goûter de nouveau l'ineffable jouissance de soigner la peste, les maladies contagieuses, de partager, de soulager les souffrances de pauvres blessés, se dévouer sans réserve à consoler et assister les indigens ! Qui, en effet, ne s'y méprendrait ? Quel bon esprit ne voit clairement qu'il n'y a là que cupidité, ambition et usurpation ?

Puis, à l'appui de toutes ces déclamations générales, sont répandues en foule dans les deux journaux, toutes les anecdotes exotiques et indigènes, propres à aigrir les esprits irréfléchis ; anecdotes qu'on ne prend pas même la peine de vérifier, et encore moins de prouver.

Là, c'est un boucher de Rome flétri dernièrement par le bourreau pour avoir mangé des côtelettes le vendredi. Conte absurde autant que faux.

Ici, c'est un procureur du Roi, plus doux, qui ne requiert qu'un an d'emprisonnement pour un délit pareil, et sûrement tout aussi vrai.

Il y a une ville où l'on a forcé des enfans protestans d'assister à une procession.

Dans une autre, un curé a fait renoncer d'autres enfans à leur première communion, comme l'ayant faite sous les auspices d'un mauvais prêtre.

Dans les Pays-Bas, il y a des ecclésiastiques qui font des exorcismes pour de l'argent.

Ailleurs, un prêtre qu'on ne nomme pas, et dont on n'indique pas même le pays, fait une remontrance publique à une femme qu'on ne nomme pas davantage.

A Perpignan, des prêtres ont eu l'indécence de faire signe à des catholiques de s'agenouiller, pendant que M. l'évêque donnait sa bénédiction.

Dans un lieu qu'on ne désigne pas, un prêtre, qui portait le Viatique sous un dais, s'étonne de ce qu'un marchand catholique reste debout sur la porte, et le marchand entre en conversation avec le prêtre, pour se moquer de son étonnement.

Dans un autre lieu qui n'est pas plus désigné, une autre conversation, également édifiante, s'engage entre un catholique qui veut faire passer son cabriolet à travers une procession du saint sacrement, et un curé auquel le pieux voyageur demande de quel droit il fait une procession le jour de l'octave.

Les citations ne finiraient pas, si le soussigné voulait rapporter tous les méfaits reprochés par les deux journalistes aux prêtres.

Ces coups ainsi portés au culte et à ses ministres se renouvellent tous les jours, dans chaque feuille, et ce qui achève d'éclairer sur les perverses intentions qui inspirent le débordement de malveillance contre eux, c'est qu'il n'est jamais question d'eux que pour les dénigrer; du reste, jamais un mot, un seul mot en faveur des vertus ou des bienfaits qui naissent d'une piété sage et éclairée; de manière que tous ceux qui, chaque matin, forment leur opinion sur celle du journal, sont amenés par une pente insensible à ne voir dans la religion catholique qu'une source de fanatisme, d'orgueil et de persécution.

Et c'est en effet là que veut arriver le parti dont les deux journaux sont les trompettes.

En attendant le néant religieux, le protestantisme est ce qu'ils appellent.

C'est ainsi qu'ils applaudissent à la résolution qu'ils prêtent calomnieusement à la commune de Versoix, d'apostasier si on ne lui donne pas un curé qui agrée aux libéraux.

C'est ainsi que ces pieux catholiques dénoncent aux Génevois les manœuvres pratiquées, disent-ils, par les prêtres, pour convertir leurs enfans, et avertissent les pères de famille de se mettre bien en garde contre des tentatives pareilles : tolérance un peu restreinte, il est vrai, et qu'on pourrait s'étonner aussi de ne pas voir s'étendre aux sauvages, que nos missionnaires veulent, au prix même du martyre, conquérir à la religion chrétienne.

C'est ainsi qu'ils font dire au menuisier de Troyes, Jacquot, le même qui, dernièrement plaidait contre le chapelain de l'hôpital de cette ville, pour se faire restituer un mauvais livre saisi par le chapelain, que pour échapper aux tracasseries des prêtres, il reste un moyen, celui de se faire huguenot.

C'e-t ainsi qu'ils peignent le catholicisme, opposé partout à la liberté, et ayant ruiné, par cette opposition, l'affranchissement des catholiques d'Irlande.

C'est ainsi qu'ils indiquent aux fidèles, apparemment comme moyen assuré de salut, de cesser d'aller dans les églises, et de s'adresser aux prêtres; qu'ils conseillent, si les prêtres ne veulent pas les recevoir, de secouer la poussière de leurs pieds et d'aller ailleurs; qu'ils insinuent, enfin, aux parrains et marraines que n'admettent pas les prêtres catholiques, de frapper à des portes moins inexorables, et de demander à d'autres ministres du Dieu des Chrétiens, la prière et l'eau sainte que les catholiques leur refusent.

Et ces conseils fructifient.

Ce sont ces journalistes eux-mêmes qui, par une sorte de bravade philosophique, se chargent d'en fournir la preuve.

Ils publient la lettre d'un individu ignoré, qui, mécontent, de son propre aveu, d'une suppression de gravures obscènes, prononcée du consentement des parties intéressées, par cette autorité à laquelle est confiée la surveillance des mœurs, plus mécontent d'un prêtre assez hardi pour n'avoir pas voulu donner à l'enfant d'un chrétien, un nom du paganisme, s'applaudit d'être allé présenter son nouveau-né à un ministre protestant plus complaisant, et d'avoir apostasié.

Sur quoi peut-on juger l'exquise bonne foi de ces ennemis du prosélitisme, qui crient aux protestans de se garder des catholiques appliqués à les convertir, et aux catholiques d'abjurer leur foi pour se faire protestans.

En dépit de leur hypocrisie, leurs desseins sont donc mis à nu.

Leur odieux projet de ruiner la religion marche.

Il est temps que la justice ouvre les yeux sur de telles fureurs, pour les refréner.

Ce considéré, le procureur-général du Roi, requiert qu'il plaise à **M.** le premier président l'auto iser d'assigner les auteurs responsables des journaux intitulés *le Constitutionnel* et *le Courrier Français*, à tels jour et heure qu'il plaira à **M.** le premier président d'indiquer, pardevant la cour, en audience solennelle de deux chambres, qui semblera également bon à **M.** le premier président de désigner, pour y voir dire, qu'attendu que l'esprit desdits journaux, résultant de l'ensemble de leurs feuilles, et notamment d'une succession d'articles cités en entier par l'exposant, dans un cahier signé de lui, joint au présent réquisitoire, et qui, en même temps qu'icelui sera notifié auxdits éditeurs, est de nature à porter atteinte au respect dû à la religion de l'état, lesdits deux journaux seront et demeureront supendus, savoir, *le Constitutionnel* pendant un mois, et *le Courrier Français*, attendu la récidive, pendant trois mois.

Pour répondre à toutes autres fins de droit, et pour, en outre, se voir condamner aux dépens.

Fait au parquet de la cour royale de Paris, le 30 juillet 1825.

Signé BELLART.

ARTICLES INCRIMINÉS

DANS

LE CONSTITUTIONNEL

PAR SUITE

DU RÉQUISITOIRE DE M. LE PROCUREUR - GÉNÉRAL
PRÈS LA COUR ROYALE DE PARIS.

Premier Mai· 1825. *(Page première , deuxième colonne.)*

Un de nos abonnés, témoin d'une mission dans un département septentrional, nous adresse un petit livre, imprimé à Lyon, *revêtu de l'approbation de deux vicaires généraux*, et dont le débit est confié aux missionnaires; un exemplaire de ce petit livre intitulé : Examen de conscience, règle de vie, remède contre le péché, abrégé de la foi, a été distribué à chacun des jeunes gens des pensionnats qui assistaient exactement à la mission. Destiné aux écoles des deux sexes, il doit servir de guide dans l'examen intérieur qui précède la confession.

Nous avons ouvert cet ouvrage avec une *impression de respect;* nous espérions y trouver une source d'édifications et de sages leçons de morale, qu'elle a été notre surprise, lorsqu'arrivés à la page   consacrée, aux sixième et neuvième commandemens de Dieu, *nous n'avons trouvé,* au lieu d'une instruction religieuse et prudente, *que des expressions obscènes, d'impurs détails, un exposé complet des combinaisons les plus monstrueuses de la débauche, un traité enfin que l'on· croirait puisé dans ces manuels techniques de corruption qui, lors du carnaval étaient promenés dans les rues et poursuivaient la foule effrayée, au moment même où les journaux des Jésuites parlaient avec le plus de chaleur de la restauration, de la morale et de la religion.*

1

OBSERVATIONS
EN RÉPONSE.

2 Mai 1825. (*Deuxième page, deuxième colonne*).

« Les frères *ignorantins* ne forment point de vœux ; l'un de ces frères qui était attaché à l'école *ignorantine* de Ribauvillié (Haut-Rhin), en essayant sans doute de convertir une jeune demoiselle protestante, a si peu atteint son but qu'il crut *ne pouvoir se dispenser de l'épouser ; le mariage a été celebré dans une commune voisine de Ribauvillié.*

3 Mai 1825. (*Page première, deuxième colonne*).

« L'affaire de M. le curé de Carville, annexe de Darnetal, département de la Seine inférieure a vivement occupé l'attention du public de Rouen. On nous écrit du 30 avril, qu'une foule immense de curieux n'a cessé d'environner la salle de police correctionnelle ; la procédure s'est faite à huis clos, et les détails qu'on nous transmet *sont d'une telle nature que la décence ne permet pas de les publier :* après l'examen des nombreuses dépositions faites contre M. l'abbé Lefèvre, M. le procureur du Roi, ne trouvant pas dans les faits les caractères de criminalité prévus par les lois, a conclu à ce que M. l'abbé Lefèvre fût renvoyé des fins de la plainte. Le tribunal a adopté ces conclusions, notre correspondant ajoute que les plaignans ont appelé de ce jugement.

4 Mai 1825. (*Page première, deuxième colonne*).

« M. le Comte chante victoire parce qu'une école d'enseignement mutuel qui a compté jusqu'à trois cents élèves, se trouve réduite à deux cents ; mais il ne dit pas la cause de cette réduction ; nous la ferons connaître pour lui : les écoles diminuent et le nombre des élèves est moindre dans quelques écoles, parce qu'on y porte le découragement ; *parce que quelques prêtres fanatiques* refusent de faire faire la première communion, ou de faire participer aux sacremens les élèves de ces écoles ; parce que d'autres refusent d'admettre aux secours de la charité les parens malheureux qui y envoyent leurs enfans. Voilà les moyens odieux employés pour les faire tomber. C'est par la terreur et la persécution qu'on effraye les uns, c'est par la misère, la faim et toutes ses horreurs qu'on subjugue les autres. Si M. le Comte est vraiment chrétien suivant l'Évangile, au lieu de chants de triomphe, il devrait pousser des gémissemens sur les excès du plus affligeant fanatisme.

6 Mai 1825. (*Page première, deuxième colonne*).

« Mais les successeurs actuels de St.-Vincent de Paule *ne sont peut-être pas tout-à-fait aussi étrangers que lui aux intérêts terrestres,* et nous craignons bien n que le zèle qu'ils déployent né soit pas sans mélange dans ce malheureux temps; *il y a un peu de fiscalité dans toutes choses, et les missions, cette institu-tion* toute apostolique dans son origine, n'ont point échappé à cet inconvénient.

. . . .

. . . .

« On nous écrit de Bezançon que dans cette ville *la location des chaises a produit* 11,000 fr. *et la vente des croix*, médailles, scapulaires, chapelets, dra-peaux, livres de cantiques et instructions, de 15 à 20,000 fr. Encore est-ce peu de chose, comparativement aux dons particuliers faits par les grandes maisons; en revanche, *le commerce est tombé* et les produits de l'octroi ont considérable-ment diminué. Aussi Bezançon a-t-il mérité de la part de ses hôtes le titre de ville éminemment religieuse. Sonnets, chansons, lithographies, tous les hon-neurs leur ont été décernés; nous avons une de ces chansons : Il faut dire qu'il était difficile d'inspirer rien de plus mauvais.

13 Mai 1825. *(Page deuxième, première colonne).*

« La commune ci-devant française de Versoix, aujourd'hui réunie au canton de Genève est à la veille d'embrasser le protestantisme; privés depuis plusieurs mois d'un curé qui s'y était fait chérir, mais qui s'était rendu coupable aux yeux de ses supérieurs du crime irrémissible de vivre en bonne intelligence avec les protestans des communes voisines, les catholiques de Versoix persistent dans leur refus de reconnaître son successeur, et annoncent hautement leur projet de se faire protestans eux et leurs familles, si leurs réclamations sont long-temps dédaignées.

15 Mai 1825. *(Pag. 1re, 2e col., et pag. 2, 1re col.)*

« Le devoir le plus pénible que nous ayons à remplir est celui de marquer les progrès de cet esprit *d'intolérance fanatique qui brave toutes les lois, fait tomber les depositaires de l'autorité et se sert même de cette autorité pour accom-plir ses odieux projets.* Voici un fait nouveau qui atteste les dangers dont la so-ciété est menacée par cette usurpation d'une part, et cette condescendance forcée de l'autre. *Ce fait est une violation flagrante du droit de propriété,* et c'est la ville de Nérac qui en a été le témoin.

La population de cette ville est composée de 5,600 habitans, dont 2,600 pro-fessent les doctrines de la réformation. Le 23 février 1804, le gouvernement concéda aux protestans de Nérac l'église de l'ancien couvent des religieuses de Ste.-Claire, pour l'exercice de leur culte, et ordonna à ses agens de les mettre en possesssion du nouveau temple. Ces ordres furent exécutés; le procès-verbal de prise de possession porte la date du 20 mars 1804. Quelque temps après cette installation, l'hospice civil de Nérac fut transféré dans le couvent de Ste.-Claire, et cette mesure qui ne portait aucune atteinte aux droits acquis des protestans, fut ratifié par le gouvernemeut; une légère contestation s'éleva entre les administrateurs de l'hospice et le consistoire relativement aux limites de leurs établissemens respectifs, et à deux petites chapelles qui faisaient partie de l'ancienne église. Les protestans furent maintenus par décision administrative, dans la possession de ces deux chapelles. Depuis cette époque jusqu'à ces derniers temps, les protestans avaient eu la jouissance paisible de leur temple; et, se reposant sur l'article de la Charte qui promet à tous les cultes reconnus par l'État une égale protection, ils ne redoutaient ni trouble ni dépossession.

Cependant il est arrivé que l'administration de l'hospice a renouvelé ses prétentions sur les deux chapelles, la chose jugée a été remise en question; *le conseil de préfecture dont les membres, comme on sait, sont au choix des préfets et du ministère*, s'est emparé de cette discussion, et s'en est servi pour expulser les protestans de Nérac, non-seulement de ces deux chapelles, mais du temple même ou, depuis vingt ans, ils exerçaient le culte évangélique dont ils font profession.

Cette sentence a été portée sans que les membres du consistoire aient été entendus; et ce qui paraîtrait incroyable sous un autre ministère que celui qui pèse actuellement sur la France, cet acte arbitraire a reçu son exécution Le curé de Nérac, à la tête de son clergé, a pris solennellement possession du temple protestant; *un Te Deum a été chanté comme si l'on célébrait une victoire remportée sur des ennemis.* Le curé est même monté en chaire pour se féliciter de son triomphe, et lancer l'anathème sur les malheureux protestans. « Que le doigt de Dieu, a-t-il dit, vient de chasser de son temple. »

Les protestans, plonges dans la consternation, se demandent dans quel temps ils vivent, sur quelle garantie ils peuvent compter, et s'ils ne seront pas bientôt forcés d'a'ler au désert chercher un asile contre l'intolérance oppressive qui les poursuit. Une seule espérance leur reste, c'est que le monarque, instruit de l'injustice et de la persécution dont ils sont victimes, accueillera leur plainte et les rétablira dans leurs droits légitimes.

C'est dans cet espoir qu'ils ont rédigé une pétition qui a été présentée à la Chambre des Députés, pétition que nous avons sous les yeux et qui atteste tout à la fois leur profonde douleur et la loyauté de leurs sentimens. Ils n'ignoraient pas que ce serait une mesure inutile de faire parvenir leurs réclamations au ministère; ils se sont adressés plus haut; ils ont voulu que la vérité ne fût pas interceptée, que leurs gémissemens arrivassent jusqu'au trône protecteur de nos libertés; la pétition, en date du 3 mai, est signée de plus de deux cents noms; les signatures sont légalisées par le président du consistoire, et la signature du président a été légalisée par le sous-préfet de Nérac.

Les écrivains que le ministère paie pour mentir et injurier à son profit , et qui s'acquittent très-bien de cette honnête mission , nous reprochent sans cesse d'exagérer les usurpations de cette partie du clergé que domine le jésuitisme et qui voudrait renverser la loi fondamentale qui met encore quelque frein à l'excès de son ambition. Cependant nous ne raccontons que des faits , la lettre de M. l'abbé Lezurre est un fait ; *le refus ministériel de l'autorisation nécessaire à deux cents familles protestantes du departement de l'Oise , pour recevoir les consolations de la religion*, est un fait ; l'expulsion des protestans de Nérac de leur temple, est un autre fait ; sont-ce là de ces déclamations qui offusquent la simplicité de M. de Corbière? Sont-ce là enfin des calomnies?

16 Mai 1825. *(Page deuxième , première colonne).*

« L'Etoile essaye de justifier *l'épouvantable abus de pouvoir* qui a expulsé de son temple la nombreuse population protestante de la ville de Nérac. « Le consistoire, dit-elle, pouvait avoir recours au Conseil d'État. » Mais la mesure a été consommée avant que le consistoire ait pu se pourvoir. Les protestans ont été chassés du temple qu'ils occupaient depuis vingt ans, sous la protection des lois ; *M. le curé Pouget a solennellement célébre ce grand triomphe; on a même insulte à la douleur des citoyens victimes d'une criante iniquité.* Qui le croirait ! l'hospice ne réclamait que deux chapelles, et le conseil de préfecture, de son autorité privée, sans même entendre la partie opprimée , confond le temple avec ces chapelles, et viole le plus sacré des droits, celui de propriété. Voilà la conséquence du système ministériel ; *voilà le résultat de l'impunité accordée au fanatisme.* Si les protestans de Nérac avaient résisté, que n'aurait pas dit M. Franchet! quelle bonne fortune, pour crier à la conspiration, pour prendre des mesures acerbes! mais les protestans de Nérac se sont conduits avec une sagesse et une modération dignes de servir de modèles ; ils attendent du roi protection et justice ; elles ne peuvent leur manquer.

18 Mai 1825. *(Page première , première colonne).*

ROYAUME DES PAYS-BAS.

Tournay 14 mai.

(*Extrait d'une lettre particulière.*)

« Je vous ai annoncé, dans l'une de mes dernières lettres, que je continuerais à vous informer des excès auxquels se livre, dans les provinces méridionales du royaume des Pays-Bas, *un fanatisme aveugle et souvent furieux* , né

OBSERVATIONS
EN RÉPONSE.
——

OBSERVATIONS
EN RÉPONSE.

de l'ignorance des populations, et soigneusement entretenu par quelques membres d'un clergé, que je suis loin d'accuser, dans sa généralité, des excès révoltans auxquels se portent quelques hommes cupides, intolérans, et avides d'or et de pouvoir. De tels hommes se montrent à la fois *les indignes ministres d'une religion de paix et de charité, et les serviteurs infidèles* d'un prince juste, éclairé, philosophe, dont toutes les pensées et tous les actes ont pour but de faire régner la paix et l'union parmi ses sujets.

Le 10 mars dernier, un habitant des provinces méridionales de ce royaume, se persuada qu'il avait été ensorcelé par la mère de sa femme. Quelques prêtres, du nombre de ceux dont je viens de parler, et que vous ne confondez pas plus que moi avec ces respectables ministres des autels qui honorent et font chérir la religion par leurs doctrines et leurs exemples, engagèrent cet insensé à faire des pèlerinages à St. Hubert, éloigné de 22 lieues du lieu de sa résidence ordinaire. Les pèlerinages n'ayant produit aucun effet, on convient de s'adresser à l'évêché, pour obtenir la permission de faire des exorcismes; mais on fit préalablement une enquête pour s'assurer si l'individu était véritablement possédé du démon; le fait est que cet homme, malade depuis long-temps par suite d'un échauffement mal guéri, s'était mis en tête qu'il était possédé, d'après l'assurance que lui avait donnée un curé de campagne, homme qui passait pour être expert en ces matières. L'ecclésiastique qui fut chargé de demander la permission et le pouvoir d'exorciser, déclara qu'il répondait de chasser le diable, et fut autorisé en conséquence à faire toutes les cérémonies d'usage en semblables circonstances, toutefois, avant qu'il commençât les exorcismes, les parens du prétendu possédé voulurent savoir quelle somme il réclamait, et, sur sa demande, on lui compta un certain nombre de pièces de 5 francs, sur quoi l'exorciseur répondit : « Qu'à la vérité le nombre des pièces était suffisant, mais qu'étant remplacé par un pareil nombre de couronnes de la reine, il agirait bien plus efficacement; ces couronnes portent l'empreinte d'une croix dont le seul aspect épouvantait le diable » Il est bon de savoir que ces couronnes ont une valeur de 60 cent de plus que les pièces de 5 francs, la somme ayant été comptée, l'homme aux exorcismes commença ses opérations; mais leur résultat souvent répété, n'a, comme on le pense bien, rien changé à l'état du malade, dont la santé n'est ni meilleure ni plus mauvaise qu'elle n'était auparavant. Comme cette affaire ressemble à beaucoup d'autres qu'on a étouffées et sur lesquelles il faudrait revenir; que la seule dupe a été un paysan imbécile, et qu'aucune plainte légale n'a été portée à l'autorité administrative, celle-ci, quoique bien informée des faits, n'a pas cru, peut-être avec raison, devoir cette fois encore donner suite à une escroquerie qui, très probablement ne tardera pas à se renouveler avec des circonstances plus graves et qui mettront l'autorité judiciaire dans la nécessité de poursuivre. Jusque-là je pense que si, après la perte de leur argent, qui, pour les hommes de campagne, est la plus sensible de toutes, quelque chose peut aider ces hommes à ouvrir les yeux sur les friponneries *dont on les rend journellement victimes*, c'est de ne pas se lasser d'en mettre le tableau sous leurs yeux. La leçon des exemples est particulièrement pour les hommes simples, supérieure de beaucoup à tous les conseils de la raison et de la prudence, et, sous ce rapport, que de princes et de ministres sont peuples !

19 Mai 1825. *(Page deuxième, première colonne).*

« La Cour Royale de Nancy a montré la même sagesse et la même dignité que celle d'Amiens ; elle a refusé d'assister à la procession des missionnaires. En général, ces exercices fastueux, *ou l'on compromet une religion qui fait un devoir de sa simplicité*, commencent à fatiguer tous les hommes d'une piété éclairée. Les boutiques ambulantes, colportées par des hommes qui font le commerce tout en prêchant contre les négocians ; *ces petits livres à deux sous, où la licence des expressions révolte la pudeur timide, et ne blesse pas moins la charité du cœur que celle du langage ; ces déclamations plus théâtrales que chrétiennes*, et toute cette *fantasmagorie*, qui cherche plus à ébranler les imaginations qu'à sauver les âmes, ont fait faire de sérieuses réflexions à tous les honnêtes gens ; ils repoussent, au nom de la religion, *toutes ces caravanes mondaines qui ont plus d'attraits pour de jeunes ecclésiastiques que l'enceinte paisible et monotone d'un presbytère, où l'on pratique des vertus sans faste*, et où le digne ministre de l'Évangile ne quitte l'autel d'un Dieu de charité que pour secourir le pauvre qui a faim et consoler le malade qui souffre sur un lit de douleur.

La vie aventureuse des missions est plus gaie sans doute : ces changemens de scènes continuels, *ces prédications nocturnes*, ces villes entières qu'on remue, *ces garnisons qu'on commande, ces jeunes filles auxquelles on distribue et l'on enseigne des cantiques, ces odes et ces sonnets qu'on inspire aux muses dévotes, ces dîners somptueux, ou au moins délicats, où se succèdent les mets renommés de tous les pays qu'on parcourt,* ces premiers fonctionnaires de l'ordre administratif qui viennent assister au lever de la mission et prendre humblement ses ordres pour la journée ; voilà certes plus de jouissances pour un prêtre qui aime le mouvement et qui craint l'ennui, que n'en promet la vie simple et frugale d'un curé de province, qui vit toute l'année des fruits de son jardin et des seules ressources de son petit traitement et de son mince casuel.

Comment se fait-il que M. l'évêque d'Hermopolis, dans son discours à la Chambre, se plaigne du veuvage de tant d'églises ? que n'appelle-t-il à leur tête ces nombreux prêtres nomades qui parcourent nos départemens, et qui ne

OBSERVATIONS
EN RÉPONSE.

vont justement que dans les grandes villes ou dans les grosses communes pourvues d'un nombreux clergé ?

Mais un modeste hameau est un théâtre trop étroit pour leur dévotion mondaine; les processions *sont trop mesquinés et les offrandes trop rares.* Dans un bourg des environs de Nancy, ces prédicateurs ambulans ne commençaient leurs exercices qu'au milieu des ombres de la nuit, comme si la religion, semblable à la fantasmagorie, avait besoin de l'obscurité pour faire ressortir ses prestiges ; et au moment où le missionnaire arrivait au jugement universel, le feu était mis par un des pères à des boîtes cachées derrière le maître-autel, et cette détonation, répétée par tous les échos du temple, opérait plus d'évanouissemens que de conversions.

Et c'est en 1825, c'est au milieu de toutes les lumières de la civilisation qu'un ministère favorise *de telles jongleries!* quelle honte, ou plutôt quelle pitié !

20 Mai 1825. *(Page deuxième, première colonne).*

« On nous écrit de Fécamp, que le Tartuffe, qui a pour nous tout le charme de la nouveauté, a été représenté dans cette ville le 15 de ce mois : *l'affluence était si considérable, que beaucoup de personnes n'ont pu être admises dans la salle,* et notre correspondant remarque que pareille chose n'était jamais arrivée à Fécamp. Le chef-d'œuvre de Molière a été exécuté *avec un religieux silence,* qui n'a été interrompu que par *des applaudissemens d'enthousiasme* à tous les traits dirigés *contre l'imposture et l'hypocrisie.*

Le même empressement, *le même enthousiasme,* s'étaient manifestés à Nantes, le 12 de ce mois, à la représention de la même comédie. L'*Ami de la Charte* nous apprend que les principaux passages ont été applaudis *avec transport, et toutes les applications saisies avec discernement.* Les Bretons, si renommés pour la franchise de leur caractère, *ne sauraient s'accommoder des tartufes de l'époque.*

25 Mai 1825. *(Page deuxième, deuxième colonne).*

L'*Ami de la Charte,* Puy-de-Dôme nous révèle que les doctrines ultramontaines ont trouvé des échos dans ce département, et que le seul arrondissement d'Issoire compte déjà trois refus de parrains, sous prétexte que les personnes qui s'étaient présentées n'avaient point rempli leurs devoirs religieux. Nous allons, d'après ce Journal, rapporter les faits dont il garantit l'authenticité.

A Jumeaux, chef-lieu de canton de l'arrondissement d'Issoire, M. Segui fils, marchand, a rendu plainte récemment contre M. L...., ancien vicaire de

Volvic, et actuellement curé de Jumeaux, pour le refus fait par ce dernier de l'admettre comme parrain ; refus qui en outre aurait été accompagné de propos injurieux. L'original de la citation à la police correctionnelle est entre les mains de M. le procureur du Roi.

Pareil refus a été fait par M. le curé de la paroisse d'Antolg, qui n'a pas craint de déclarer en chaire les motifs de sa conduite. Le parrain ne s'était pas approché des sacremens à Pâques, et la marraine, après s'être confessée, n'ayant point reçu l'absolution, ne s'était pas présentée depuis.

Nous pourrions ajouter un troisième fait de la même nature, dont la commune de Gignac a été le théâtre, et qui n'a pas excité moins de scandale, sans une circonstance qui ne tient point à notre volonté, mais à celles des personnes qui avaient lieu de se plaindre, et si notre digne prélat ne s'était point empressé de réparer cette offense publique, en invitant le pasteur récalcitrant à recevoir pour marraine la dame respectable qui se présentait pour remplir ce ministère.

Cette décision, que nous venons d'apprendre, nous donne lieu d'espérer que l'évêque de notre diocèse cherchera à tempérer ces excès de zèle qui portent le trouble dans les familles, et c'est dans cette confiance que nous avons signalé les faits précédens.

Mais ce n'est pas seulement dans ce diocèse que quelques ministres ultramontains s'efforcent de propager les doctrines que n'ont point professés les Fénélon et les Bossuet.

On nous écrit de Gannat (Allier) que M. le curé de Bellenave, commune de cet arrondissement, a prévenu ses paroissiens, à son sermon du dimanche, qu'il était obligé, d'après les instructions qu'il avait reçues de l'évêque de Moulins, de tenir registre de tous les paroissiens qui manquent à l'observation de la messe ou des sacremens. Il a ajouté qu'à des époques déterminées, il lui était enjoint d'envoyer une liste contenant les noms, prénoms et professions des personnes qui n'auront pas rempli leurs devoirs religieux.

Ces faits, qui nous parviennent simultanément de diverses localités, prouvent que l'appel fait par l'intolérance a été entendu. Cependant l'opinion s'irrite, les hommes les plus confians s'alarment de cette tendance qui paraît être un avant-coureur des persécutions sous l'empire de la Charte ; nous sommes réduits à regretter l'autorité des parlemens qui n'aurait pas manqué de poursuivre les auteurs de ces actes, comme abusant de leur ministère qui n'est que spirituel : le conseil-d'état, qui s'est arrogé cette prérogative, garde le silence.

27 Mai 1825. (*Page quatrième, première colonne*).

« Si la conversion de Clovis eût été faite par des évêques visigoths, ce qui n'était guère possible, l'histoire de l'Eglise serait bien différente de ce qu'elle

2.

est. Le titre de fils de l'Eglise catholique fut donné à Clovis par les évêques gaulois : il l'avait bien mérité »

28 Mai 1825. (*Page première , deuxième colonne , page deuxième, première colonne*).

« Lors même qu'il serait permis de disputer, encore avec quelque bonne foi, sur l'origine et le principe de l'association , il n'est plus désormais possible d'élever de doutes sur le but de cette association politique, qui est évidemment d'assurer le repos et les droits de chacun des membres de la société pendant tout le temps qu'il en fait partie, et surtout aux trois grandes époques de la naissance, du mariage et de la mort ».

Et ne sont-ce pas ces trois époques solennelles que menacent plus particulièrement vos mandemens, vos ordonnances, vos congrégations, vos jésuites et vos gazettes ecclésiastiques !

Un enfant est né de père et mère catholiques, le parrain et la marraine sont catholiques aussi, leur foi vous est connue, la loi du pays, l'Eglise et Dieu n'en damandent pas davantage ; mais ce n'est pas assez pour vous ; vous voulez qu'ils se soient agenouillés à vos pieds ; vous exigez la preuve qu'ils ont rempli un devoir dont l'obligation n'est pas même une des conditions du salut des chrétiens dans l'autre vie ; vous repoussez de l'autel, vous chassez du temple l'enfant pour lequel on vous demande l'eau du baptême , et les deux garans des engagemens qu'il allait prendre en face de l'Eglise catholique. Vous en avez le droit, dites-vous ; j'entends le mot droit où j'attendais celui de charité ; soit : usez donc de vos droits ; *mais si ceux que vous insultez, que vous flétrissez, autant qu'il est en vous, de cette réprobation publique, vont frapper à des portes moins inexorables ; s'ils demandent à d'autres ministres du Dieu de tous les chrétiens la prière et l'eau sainte que vous venez de leur refuser, avez-vous encore le droit de vous étonner et de vous en plaindre ?*

Dans le mariage, la loi distingue sagement l'acte civil qui constate l'état des citoyens , de l'acte religieux qui fait les fidèles et les classe dans une des communions dont l'existence est avouée et protégée par la loi du pays Vous demandez que les actes de l'état civil soient rendus au clergé, et que le mariage civil soit précédé de la cérémonie religieuse , afin que nul catholique ne puisse se marier sans la permission d'un prêtre catholique, et sans avoir satisfait à des obligations que vous rendez plus rigoureuses que celles imposées aux parrains et aux marraines. Quiconque ne s'y soumettra pas ne pourra obtenir de vous la bénédiction nuptiale, vous le condamnez au célibat ou à donner le scandale d'un commerce illégitime ; vous repoussez la plainte et la prière, en disant : nous usons de notre droit. Soit, mais le comédien que vous excommuniez, mais le jeune homme qui ne croit pas que l'observance de certaines pratiques religieuses soient indispensables à son salut, usent aussi de leur droit, en implorant de la charité d'un pasteur protestant ce que la rigidité d'un pasteur catholique leur refuse. Ce recours est votre ouvrage, vous l'avez rendu nécessaire; *que signifie la plainte dans votre bouche?*

5 Juin 1825. *(Page première, première colonne).*

« Aujourd'hui M. l'évêque de Perpignan a fait son ordination dans l'église de Saint-Jean; le clergé a été le chercher processionnellement dans son palais; il a traversé la ville crossé et mitré, et donnant la bénédiction sur tout son passage: des prêtres faisaient signe de la main au peuple de s'agenouiller. Parvenu à la place de la Loge et en face du café Pelagré, voyant un groupe de personnes qui restaient debout, il les a apostrophées et leur a dit : « Etes-vous catholiques?» Heureusement qu'on les a prévenues de se mettre à genoux, car cela aurait pu encore donner lieu à une troisième affaire correctionnelle.

5 Juin 1825. *(Deuxième page, première colonne).*

« Cependant à Montpellier comme ailleurs, les refus de sépulture, les scandales dont la religion est le prétexte *se multiplient* d'une manière effrayante. Peut-être a-t-on représenté à Colmar le *Tartuffe* le soir même du jour où, non loin de cette ville, trois voyageurs protestans ont été obligés de descendre de voiture et de s'agenouiller devant une procession Ils ont craint sans doute d'encourir la peine portée par la loi du sacrilége; mais avant la loi du sacrilége, il y a la loi fondamentale qui ne permet de violenter la conscience de personne.

Ailleurs', mille bravo sans doute ont retenti dans la salle où l'on expo-ait Tartuffe, où on livrait à la risée et au mépris les charlatans de bigoterie, dans cette salle du foyer de laquelle on aperçoit l'église qui venait d'être le théâtre d'une autre scène, un prêtre (nous mande un de nos correspondans de la Seine-Inférieure), après avoir terminé 'e premier point de son sermon, s'arrête tout à coup, appuye ses deux bras sur le devant de la chaire, fixe d'un œil inquisiteur les dames qui étaient assises en face de lui, et rompt enfin le silence par cette apostrophe : «Je ne continuerai pas avant que la pécheresse que j'examine n'ait quitté cette enceinte; il y a près de trois mois qu'elle suit mes offices, qu'elle entend mes remontrances sans devenir meilleure; qu'elle entre dans la maison du Seigneur sans ajouter foi à ce qu'on y enseigne ! c'est un scandale que je ne puis souffrir. Baissez les yeux au lieu de me regarder, femme dont la présence me blesse et m'outrage, ou plutôt sortez de ce sanctuaire volontairement, pour m'épargner une désignation plus positive et une mesure plus personnelle. Ap.

prenez qu'on ne vient point ici pour y respirer l'air de la liberté, de cette liberté
qui vous plait tant, dont tant de gens sont enivrés, et qui n'est autre chose que
la licence, etc. , etc. »

Ces paroles furent constamment accompagnées de démonstrations directes et
menaçantes. Le saint homme oubliant qu'on pouvait lui dire :

Quoi, vous êtes dévot et vous vous emportez !

Jeta deux fois avec colère son bonnet carré sur son siége. La consternation
fut générale parmi les dames ; aucune d'elles n'osait lever les yeux, ni sortir,
dans la crainte de se désigner elle-même ; toutes restèrent dans la même attitude
jusqu'à la fin du sermon, et toutes alors se précipitèrent à la fois hors de l'église.
La sainteté du lieu empêcha seule les hommes d'éclater ; mais nous laissons à
penser tout ce qui se dit quand on fut dehors, et combien il se mêla de propos
malins au blâme dont fut unanimement frappé le discours si peu pacifique d'un
ministre du Dieu de paix. Il paraîtrait que le crime de la pécheresse n'était
autre qu'un goût très-vif pour la comédie, goût qu'elle avait dernièrement satisfait en allant voir le *Tartuffe*. Si jamais on ose donner suite à cet admirable
ouvrage, le mouvement oratoire du prédicateur ultramontain pourra y figurer,
et ce sera un nouveau trait ajouté à l'étrange physionomie de la France constitutionnelle

10 Juin 1825. *(Troisième page, deuxième colonne).*

Qui a pu attirer le couroux du Ciel sur ces tristes contrées? Les missionnaires
qui s'en éloignaient à *peine leur avaient promis toutes les bénédictions, et par mal-
heur on a remarqué que les campagnes visitées par eux avaient été les moins épar-
gnées.* Les prières sans faste des vrais pasteurs sont donc plus efficaces que ce
vain fracas de cérémonies retentissantes, si contraires à la vraie pitié et à la
simplicité évangélique.

11 Juin 1825. *(Quatrième page, première et deuxième colonne).*

Un ancien avocat dont la vie a toujours été fort pieuse, appelle auprès de l ui
dans ses derniers momens, un autre prêtre que le curé de sa paroisse. Si la confiance
ne se commande point, c'est surtout en pareille occasion. Ce choix blessa le pasteur en chef, et soit défense de sa part, soit crainte de déplaire, le pasteur su-
balterne refusa de prêter son ministère au malade, qui mourut sans confession.
Que fit alors le curé ? Il condamna les restes du défunt à être enterrés dans un
endroit réservé à la classe inférieure. Il attachait probablement à ce voisinage
une idée d'ignominie. L'intention plus que la chose révolte la famille ; elle sol-

licite l'intervention du commissaire de police , qui donne l'ordre de porter au cimetière les dépouilles mortelles sur lesquelles ont prétend exercer une vengeance puérile. Le curé survient alors, et veut donner des ordres contraires ; il veut qu'on enlève le drap noir qui est tendu devant la maison du défunt, qu'on retire la bière du corbillard ; il s'oppose à la marche du convoi , et menace les ouvriers qui n'obéiront pas de leur ôter la clientelle de l'église et de la cure; enfin il recourt à l'autorité du maire.

Celui-ci était heureusement un administrateur trop sage et trop pénétré des véritables principes de la religion pour prêter main forte au curé. Déjà le scandale était grand, le tumulte augmentait, les rassemblemens se multipliaient dans la ville, la gendarmerie était sur pied ; la modération du maire rétablit l'ordre, *le corps du défunt fut porté à la paroisse que le clergé avait déserté ; mais un nombreux cortège d'amis et de pauvres remplaça, par ses prières, les chants de l'église.......*

Ce ne sont plus seulement les livres que l'on met à l'index , les personnes que l'on signale ; ce sont des villes entières sur lesquelles on jette une sorte d'interdit. Un jeune homme est appelé à Paris pour des affaires de famille ; avant de quitter son village, il veut visiter encore sa petite église, prier pour son vieux père , dont il va se séparer , implorer pour lui-même la bénédiction du Ciel , et s'approcher de la sainte Table ; *mais le curé le repousse.* Paris, dit-il , *est la Babylone nouvelle , et quiconque va en respirer l'air ne saurait communier dignement.* Il semble que c'était le cas au contraire de fortifier le villageois de tous les secours de la religion. Vous verrez qu'on ne permettra bientôt que le pèlerinage de Rome; l'air y est si pur!

L'aventure suivante n'est que la morale d'un mandement célèbre mis en action. Des dispenses, d'un prix trop élevé , avaient empêché deux époux, mariés civilement, de recevoir la bénédiction religieuse ; quoiqu'ils ne demandassent pas mieux, et qu'ils n'eussent pas épargné les démarches. La femme devint grosse, et craignant de mourir en couches , elle se rend à la paroisse, et s'approche d'un confessionnal; le prêtre la voyant enceinte , lui demande si elle est mariée à l'église , elle lui répond négativement, et lui expose par quel motif. Alors le prêtre reprend avec dureté que sa prétendue union avec celui qu'elle nomme son mari , n'est qu'un criminel concubinage , que le fruit de cette union est illégitime , qu'il est de son devoir, si elle veut soustraire son âme au supplice, de réparer sa conduite passée, d'en demander pardon à Dieu. *Il faut d'abord* , ajouta-t-il , *quitter la personne avec qui vous vivez, et qui n'est pas votre mari.* La femme persistant à s'y refuser, le prêtre ferme son guichet en lui disant : si vous mourez en couche, comme vous le craignez , vous souffrirez les peines éternelles que vous avez méritées.

Ne pas avoir fait sa mission est, pour certains curés , un aussi grand grief que de ne pas avoir fait ses pâques; l'un d'eux a refusé, pour marraine, une jeune fille qui avait péché contre ce nouveau commandement de l'Église.

N'allez point chercher les prêtres , dit-on quelque fois, ils ne viendront pas vous chercher ; c'est une erreur. Un père de famille , un habitant de la campagne, vivant de son industrie , racontait à l'un de nous, que son curé est venu à deux fois différentes *le relancer chez lui*, et lui enjoindre, sous peine de compromettre sa réputation et ses moyens d'existence, de remplir les devoirs du catholique. J'étais comme forcé d'obéir, poursuivait ce brave homme ; *j'ai obéi à contre cœur , j'ai fait une confession dont je demande pardon à Dieu, mais est-ce ma faute ? et le péché n'est-il pas sur la conscience du prêtre ?* Un paysan, d'un sens et d'un esprit remarquables, après nous avoir rapporté plusieurs preuves d'intolérance et de domination hautaine , ajoutait : comment faire pour être tranquille ? Les curés ont les maires pour adjoints. Il y a dans ce mot une histoire toute entière

Ce fut une bonne fortune pour un de ces adjoints de n'être pas plus habile que le bourgmestre de Saardam. Un curé qui étend un peu loin la responsabilité de l'indifférence en matière de religion, venait de brusquer, à l'occasion d'un baptême, la sœur d'un homme qui n'avait pas fait ses pâques. C'était le cas de dire à la marraine, si ce n'est toi, c'est ton frère. Celle-ci se retira ; mais elle se retira avec l'enfant. Le déservant fort en colère . court à la commune, et demande qu'on dresse procès-verbal , en vertu de la loi du sacrilége, du trouble apporté à l'exercice de ses fonctions. Le pauvre adjoint , qui ne voulait ni se brouiller avec l'église , ni se brouiller avec le monde, s'excusa sur ce qu'il ne savait pas écrire, et finit par arranger l'affaire.

Lorsqu'on ne veut pas trouver les prêtres et lorsqu'ils ne viennent pas nous trouver , il ne faut pas encore s'en croire quitte, car on peut les rencontrer , témoins ces voyageurs des environs de Colmar, dont parle votre feuille , et qui ont été obligés de se mettre à genoux. Une rencontre semblable a eu lieu près du village de Buzy : une procession occupait la route dans toute sa largeur, lorsqu'un cabriolet se présente et s'arrête Les personnes qui étaient dedans attendent et gardent un religieux silence. Toutes les prières étant finies, toutes les bénédictions données, bénies elles-mêmes, ces personnes s'avancent par un passage que leur ouvrent les assistans; mais le ministre de paix accourt d'un air peu pacifique : « Vous ne passerez pas, s'écrie-t-il. De grâce M. le curé, nous attendons depuis vingt minutes; la grande route est large, nous sommes pressés, obligez-nous de ne pas nous retarder.—*Non, non vous ne passerez pas; je vous ordonne de me suivre; vous ne devez pas voyager le dimanche, et si je faisais mes plaintes!*.. Ne voulant pas lutter *contre un prêtre irrité*, les voyageurs suivirent lentement la procession jusqu'au village. Que serait-il arrivé si, à la place de ces voyageurs, se fussent trouvées des personnes plus jeunes et moins prudentes ?

Nous avons vu les prêtres chez eux et chez nous, dans l'exercice de leurs fonctions, dans nos affaires, dans nos voyages ; les voici survenant au milieu de nos plaisirs. Les habitans d'un village de Normandie, après avoir entendu la messe, vêpres, none et complies, dansaient, d'après une coutume immémoriale, sur la place commune. Le curé s'élance tout à coup comme du fond d'un gouffre ; il apparaît entouré de cinq à six jeunes vierges, espèce de novices d'une congrégation nouvelle. De là il se précipite au milieu de la danse, se jette à genoux et appelle la malédiction céleste sur ceux qui ne l'imiteront pas. Les noms d'impies, de criminels, de monstres leur sont prodigués. Un grand nombre se sauvent ; il court après eux, *les saisit au collet*, oblige plusieurs d'entre eux à s'agenouiller ; mais bientôt ils se relèvent, s'enfuient, et le curé reste maître du champ de bataille, ou si l'on veut, de la salle de danse, qui sans doute restera long-temps déserte.

Nous terminerons par cette scène le récit de nos anecdotes contemporaines ; elles nous dispensent de toutes réflexions, et chacun peut, d'après ces exemples faciles à multiplier, se faire une idée de notre situation religieuse, morale et politique.

14 Juin 1825. *(Troisième page, première colonne)*.

A la dernière procession de la Fête-Dieu, à Mayence, on a remarqué un drapeau portant l'inscription *Philosophia*, ce qui a beaucoup scandalisé ceux qui regardent cette science comme incompatible *avec la très-sainte théologie*.

16 Juin 1825. *(Deuxième page, première colonne)*.

Mais de grâce, lorsque les écoles des *Frères-Ignorantins s'élèvent et se soutiennent par la voie de l'impôt, souffrez que les écoles d'enseignement mutuel subsistent par des dons volontaires......*

18 Juin 1825. *(Deuxième page, deuxième colonne)*.

« Ce n'est donc point en s'appliquant *à multiplier les moins oisifs, les êtres qui dévorent sans produire et sans se reproduire*, qu'on peut faire participer les nations aux avantages de la civilisation, mais en favorisant la navigation, le commerce, la multiplication des capitaux et le développement de l'industrie.

19 Juin 1825. (*Première page, première colonne, et deuxième page, première colonne*).

« Encore un nouvel empiétement de l'autorité ecclésiastique sur l'autorité civile : celui que nous avons à signaler aujourd'hui est d'une *telle importance*, et pourrait avoir *des conséquences si graves, que nous avons peine à concevoir* qu'un évêque n'ait pas craint de se le permettre. A l'Université seule appartient le droit de désigner les livres qui doivent servir à l'instruction des élèves, et l'on sent tout ce qu'un pareil choix exige de prudence et de discernement pour qu'on ait dû le confirmer exclusivement aux chefs de l'enseignement public. Voici cependant un évêque, celui de Châlons-sur-Marne, qui, de son autorité privée, s'est chargé de choisir les ouvrages qui doivent être mis entre les mains de la jeunesse, et qui, de plus, a accordé à un imprimeur le privilége exclusif de les imprimer. Nous avons sous les yeux une circulaire de M. l'abbé Thomas, chanoine, grand écolâtre de l'église de Châlons-sur-Marne, adressée à MM les doyens, curés et desservans du diocèse.

» Il est dit en propres termes dans cette circulaire :

« » Monseigneur l'évêque me charge de vous prévenir que, d'après le privilége exclusif qu'il a accordé à M. Demonville, imprimeur-libraire, à Paris, pour l'impression des livres de l'école de son diocèse , tous les maîtres et maîtresses, instituteurs ou institutrices, seront tenus à l'avenir de ne faire usage que des livres autorisés par sa grandeur, et imprimés par ledit M. Demonville.

» Nous savons bien que le gouvernement a accordé aux évêques un droit d'inspection sur les écoles de leurs diocèses, mais nous avions ignoré jusqu'à présent, qu'ils eussent celui que vient de s'attribuer M. l'évêque de Châlons sur-Marne, au mépris des lois et règlemens sur l'instruction publique.

» Ce n'est pas tout : M. l'évêque est si jaloux de l'exécution des ordres qu'il donne et des priviléges exclusifs qu'il octroie , que M le chanoine grand écolâtre, écrivant en son nom, ajoute ce qui suit:

» MM. les présidens des comités ecclésiastiques surveillant les écoles primaires et les pensionnats, et MM. les curés et desservans, sont invités à tenir la main à la stricte exécution de cet ordre , et les maîtres et maîtresses d'école s'y conformeront exactement dès la rentrée des élèves au mois d'octobre prochain.

» M. l'évêque attache à l'exécution de cette mesure tant d'importance, qu' l serait obligé d'user de sévérité contre les instituteurs et institutrices qui négligeraient de s'y conformer.

» Les éditions seront revêtues du sceau des armes de Monseigneur, et par conséquent très-reconnaissables. Le prix de chaque ouvrage sera indiqué au frontispice. »

Cela est-il clair, cela est-il positif? Qu'on vienne maintenant nous répéter que nous avons tort de croire à l'ambition de certains membres du clergé, de soupçonner leurs projets d'envahissement, et de redouter les suites et les dangers de l'influence qu'ils voudraient ressaisir. *Voilà un évêque qui , d'un trait de plume, se place au-dessus des lois, au-dessus du pouvoir exécutif, et qui ne reconnaît ni l'existence des unes, ni les droits de l'autre.* Avons nous tort d'avertir tous les jours le gouvernement des périls qui le menacent ? Sommes-nous des

(17)

càlomniateurs lorsque nous répétons sans cesse que le clergé , non content du pouvoir spirituel qu'il est appelé à exercer , attend le moment favorable de s'emparer du pouvoir temporel qu'il convoite avec tant d'ardeur.

19 Juin 1825 *(Première page , deuxième colonne , deuxième page , première et deuxième colonnes , et troisième page , première colonne.)*

Les journaux ministériels ont su rendre facile, sous certains rapports , le métier auquel ils sont condamnés; il ne se passe pas un seul jour sans que nous n'ayions à signaler quelque violation des lois de l'état , quelques prétentions nouvelles de l'administration , qui blessent , compromettent ou méconnaissent les droits des administrés ; surtout quelque empiétement nouveau de l'autorité ecclésiastique sur la conscience des citoyens , sur la tolérance religieuse proclamée par la Charte constitutionnelle, et par conséquent solennellement jurée au pied des autels par l'auguste successeur du monarque législateur de la France.

A plusieurs reprises nous avons signalé au gouvernement le monstrueux scandale de ce curé Mingrat, qui, condamné par une cour souveraine pour un crime énorme qui révolte l'humanité , reste impuni aux portes de la France , nonobstant les pétitions, les réclamations, les plaintes des parens de la victime sur laquelle il a assouvi sa rage et les passions d'un tigre ou d'un autre Léger. Qu'ont dit, qu'ont répondu les journaux ministériels ? Ils se sont tus, ils ont fait comme le ministère, ils ont gardé une sorte de neutralité , et le monstre a mérité en vain d'être frappé du glaive de la justice et des lois.

Dernièrement, à Lyon, une jeune fille est enlevée à sa mère , on la conduit par force dans un couvent ; sa mère réclame, les journaux indépendans se rendent l'écho de ses plaintes , peignent sa désolation , son désespoir; on lui rend sa fille, mais les feuilles vendues au pouvoir se taisent encore, et les ravisseurs de l'innocence ne sont l'objet ni des recherches ni des poursuites de la justice.

Il y a trois jours, nous avons rapporté l'étrange circulaire de M. le chanoine grand-écolâtre de Châlons-sur-Marne, transmettant aux curés et desservans du diocèse, les ordres de son évêque, pour les livres destinés à l'éducation élémentaire, qui doivent être choisis par lui; nous avons clairement établi que cette mesure était contraire à la Charte ; quelle était directement en opposition avec les lois et règlemens qui régissent l'enseignement public; qu'a-t-on répondu à ces faits matériels ? Rien ...

L'Ami de la Charte de Nantes nous révèle la résurrection progressive des corporations religieuses, et la réédification des monastères de ce pays. Voici ce qu'on lit dans son numéro du 17 de ce mois, sous la date de Nantes.

Nous avons vu, il y a environ quinze jours, un moine *de l'espèce dite capucine : cet individu* se promenait dans nos rues et sur nos quais, dans son grand costume, c'est-à-dire avec ses sandales, sa robe et son capuchon; il avait de plus les pieds nus *et fort sales* ; plusieurs personnes le regardaient avec curio-

3

sité, *d'autres avec inquiétude*, et le plus grand nombre n'y faisait aucune attention. La curiosité était bien naturelle chez ceux qui, jeunes encore, n'avaient comme moi, jamais vu de capucins qu'en peinture, à moins que cela ne soit des capucins de cartes ; *l'inquiétude était tout à fait dans l'ordre*. Ceux qui ont assez vécu pour avoir vu les divers *ordres religieux qui pullulaient* jadis en France et que l'on rétablit aujourd'hui peu à peu, malgré les lois qui les proscrivent, ces derniers savent parfaitement que *l'amour du bien public* est ce qui dirige ces homme retirés de la société, et dont le royaume n'est pas de ce monde. Que l'on jette un instant les yeux autour de soi, et l'on verra *quelle fortune colossale* possèdent déjà les trapistes de la Meilleraye, *dont le pays se passerait volontiers* ; que l'on examine encore qu'une autre communauté d'hommes a acquis tout ce qui constituait autrefois le dépôt de mendicité à Saint-Jacques, où ils sont déjà établis ; que l'on prenne enfin quelques petites informations, et l'on apprendra que d'autres couvens sont près de naître dans l'enceinte même de la ville, où de beaux terrains sont achetés et vont être bâtis à grands frais pour y établir des monastères et des congrégations.

Il est encore temps de considérer l'abîme où nous courons avec la multiplicité de ces établissemens. On peut encore éviter le précipice, mais si nos ministres n'y prennent garde, nous ne pourrions pas en sortir de long-temps ; et encore comment en sortirions-nous ? De quelle manière qu'on l'envisage, cet avenir est vraiment effrayant

23 Juin 1825. *(Première page, deuxième colonne, deuxième page, première et deuxième colonnes.*

S'il est une vérité sur laquelle tous les royalistes s'accordent, dit la *Quotidienne*, c'est qu'il faut favoriser l'exécution de la loi d'indemnités, rendre à la Religion son éclat et au clergé son importance politique.........

Mais peut-être les royalistes de la *Quotidienne* sont-ils moins d'accord sur ce qu'il faut entendre par ces mots : rendre à la Religion son éclat. S'agit-il de l'éclat doux et pur dont elle brillait aux siècles de la primitive Eglise, dans les temps les plus voisins de la prédiction évangélique et les exemples donnés par les apôtres ? ou plutôt, *n'est-ce pas du funeste éclat dont le fanatisme, armé de torches, prétendit la faire briller dans la nuit de la Saint-Barthélemy* et aux jours des autodafé de l'inquisition ? Nous parlez-vous des temps où les vendeurs furent chassés du Temple, ou de ceux où ils y étaient rentrés ? De l'humble éclat de charité visitant en secret le pauvre et l'affligé, versant l'huile et le baume sur les plaies des malheureux ; ou *du luxe asiatique de ces apôtres de palais, de ces cardinaux à bonnes fortunes qui nourrissaient la débauche et la corruption des immenses revenus de leurs églises ?* Entendez-vous honorer la religion par le retour éclatant des hauts scandales de l'épiscopat de cour ? ....

Mais si, par l'éclat de la religion, vous entendez les riches dotations et les grasses abbayes ; si c'est en ravissant les splandeurs mondaines de l'ancien épis-

copat, que vous espérez réchauffer la ferveur attiédie des fidèles, détrompez-
vous; ce moyen achevera de l'éteindre. Les temps sont venus où la foi religieuse et la foi politique ne se prouvent que par les œuvres. Nous vous en avons
souvent avertis et nous ne cesserons de vous le répéter : les paroles ont perdu
tout crédit, les faits seuls parviennent à convaincre. Si, comme Sénèque,
c'est assis à la table d'or massif que vous écrivez vos discours sur le mépris des
richesses ; *si vous prononcez votre vœu de pauvreté agenouillés sur des car-*
reaux de velours ornés de perles et de pierres précieuses ; si, pour vous ren-
dre au temple, où vous allez prêcher contre le luxe et la mollesse, il vous
faut un char armoirié, balancé sur des ressorts souples et doux, et traînés par
des mules d'Ibérie, richement arnachées; si, sous un surplis de dentelle, sous
un rochet retenu par des agraffes de diamans, sortant d'un festin sompteux,
la tête haute et le regard étincelant d'orgueil, vous me recommandez d'être
humble dans ma contenance, frugal dans mes repas, modeste dans mes habits,
je ne vois plus en vous *qu'un spéculateur qui compte sur ma crédulité pour*
ajouter au superflu de son luxe et de sa mollesse tout ce qu'il m'exhorte à
retrancher de mon nécessaire; et si, pour vaincre la résistance que j'oppose
à votre cupidité, vous faites succéder la menace au précepte; si, pour satis-
faire vos appétits terrestres, vous cherchez contre moi des armes dans le ciel,
aussitôt toute croyance s'affaiblit dans mon âme, la foi y est ébranlée par le
doute, et la doctrine me devient suspecte dès qu'elle est démentie par les actes
de celui qui l'enseigne. Le ministre qui brave le Dieu qu'il sert, n'est plus à
mes yeux que le plus méprisable des impies, et sous l'habit de faux pasteur l'a-
thée s'est révélé...........

\ Les ministres du culte catholique reçoivent des traitemens du trésor royal;
les Français contribuent d'une manière assez large à cette dépense; le budget
en fait foi : *Si les curés et les desservans des églises de campagne n'ont pas*
assez, c'est que d'autres ont de trop. C'est au vice de la répartition, et non
à l'insuffisance des ressources, qu'il faut attribuer l'espèce de gêne et d'in-
digence du clergé véritable, du clergé qui visite le pauvre en sa cabane, qui
s'assied au lit du malade et lui apporte de pieuses consolations. Pour compléter
le nécessaire des pasteurs de village, *il suffit de retrancher au supperflu de*
l'épiscopat, des missions et des congrégations; cette proposition paraîtra mal
sonnante aux humbles superbes qui divisent les ministres du culte catholique en
haut et en bas clergé. Les dévots véritables, ceux qui se souviennent de cette pa-
role : les derniers seront les premiers, se scandaliseront d'une proposition si
conforme à la lettre et à l'esprit de l'Evangile. ‹

24 Juin 1825. (*Première page, première et deuxième colonnes,*
deuxième page, première et deuxième colonnes).

S'il est une sorte d'écrits que l'on puisse considérer comme l'expression de la
société, ce sont à coup sûr les journaux; or, ceux-ci depuis quelque temps

semblent transformés en Gazettes ecclésiastiques; *il n'est plus question que d'évêques, de curés, de vicaires, de moines, de jésuites, de couvens et de séminaires.* Les nouvelles de la cour de Rome et celles de la cour de France, se partagent nos colonnes. *On n'entend plus retentir que les mots de bulles, de mandemens, de confession, de communion, d'indulgence,* d'excommunication. La controverse théologique est à l'ordre du jour: l'Eglise ultramontaine et l'Eglise gallicane sont aux prises; la France catholique portant sur sa bannière le nom de Bossuet, lutte contre le Mémorial catholique, qui s'avance sous l'invocation de MM. de Maistre et de la Mennais. *Dans chaque ville, dans chaque village le troupeau se plaint de son pasteur, et le pasteur se plaint de son troupeau. La division règne entre les prêtres eux-mêmes.* Les plus tolérans sont déjà en butte aux tracasseries des plus exclusifs. De vieux curés sont régentés par leurs jeunes vicaires. *La houlette du bas clergé fléchit sous le poids de la crosse épiscopale; les diamans, les pierreries, l or, les précieuses dentelles qui couvrent les princes de l'Eglise, offrent aux peuples étonnés un spectacle qu'ils étaient loin d'attendre de la part des successeurs des pauvres Apôtres, et aux desservans vulgaires des paroisses de village, un exemple propre à exciter un découragement fâcheux, ou une émulation plus fâcheuse encore.* Voilà notre France chrétienne telle que nous l'ont faite les dévots de la Sainte-Alliance, les croyans du budjet, *les saints de la police,* voilà les sujets qui absorbent nos publications quotidiennes, destinées à entretenir les lecteurs du progrès des lumières, de l'accroissement du commerce, de la politique du 19ᵉ siècle, des lois, des mœurs, des conquêtes de la civilisation.

Continuons donc à nous occuper, puisqu'il le faut, de ce qui occupe aujourd'hui tout le monde, et prenons note, pour notre instruction présente et pour l'histoire, de ce qui se passe sous nos yeux. *De quelque côté que nous portions nos regards, nous rencontrons quelques scènes où l'intérêt, la superstition, le fanatisme, l'orgueil, l'ambition, sous un nom sacré, jouent le principal rôle.* En attendant qu'elles deviennent tragiques, comme le voudraient l'Etoile, la Quotidienne, le Mémorial et ce Bon ami de la Religion, nous devons convenir qu'elles sont dignes de la haute comédie pour la plupart, et que l'auteur du Tartuffe y trouverait le sujet d'un nouveau chef-d'œuvre. *Après lui la moisson serait encore abondante pour le Vaudeville et les tréteaux eux-mêmes glaneraient ensuite quelques farces bien bouffonnes.* En voici de ce dernier genre imprimées, lithographiées, et *enluminées* pour que rien n'y manque.

27 Juin 1825. (*Troisième page, deuxièm colonne*).

Des lettres de Rome annoncent qu'un riche boucher de cette ville a été arrêté, conduit sur la place Fontana de Trève et marqué par le bourreau. Un écriteau annonçait son crime, qui était d'avoir mangé de la viande un vendrédi dans une auberge avec quelques-uns de ses amis.

(21)

2 Juillet 1825. *(3ᵉ pag , 1ᵉ et 2ᵉ col. 4ᵉ p. 1ᵉ col.)*

, Nos principes sont assez connus pour qu'il soit inutile de répéter ici que nous n'approuvons pas la conduite de tous ceux dont nous enregistrons les plaintes. *Nous croyons , par exemple, qu'il serait plus sage et plus convenable de s'abstenir d'aller dans une église , que de s'exposer à des scènes fâcheuses lorsqu'elles sont à redouter du caractère connu du ministre des autels; nous croyons que le meilleur moyen de vivre en paix avec certains membres du clergé, est de ne point s'adresser à eux ; nous pensons que l'on peut prier Dieu partout ailleurs qu'à la paroisse, avec beaucoup moins de scandale , et par conséquent avec beaucoup plus de piété.* Il y a long-temps que pour la première fois nous avons engagé les personnes qui craignent d'être mal reçues par les prêtres, *à ne pas les aller trouver*, et que nous avons dit à celles *qui ne croient pas pouvoir s'en passer :* Acceptez-les conséquemment d'une détermination libre et volontaire ; mais nous n'en faisons pas moins la part, et de la faiblesse humaine, et de la situation difficile des habitans des départemens , nous savons à combien de tracasseries, *à combien de préjugés* ils sont en butte. *Il faut bien du courage pour rompre de vieilles habitudes*, pour braver mille petites vexations, *pour faire autrement que ne font les autres*, pour résister à toutes les influences de famille, et l'on excuse de braves gens qui voudraient concilier *un peu de repos et de liberté avec leurs coutumes religieuses*, et qui adressent au tribunal de l'opinion les appels comme d'abus que leurs aïeux adressèrent non pas sans succès aux parlemens ....

A M. le rédacteur du Constitutionnel.

. Monsieur, .

. « Les difficultés que j'ai éprouvées pour donner à mon fils un nom du choix de son parrain, le désir de ne pas le priver plus long-temps du baptême, les querelles dont chaque église devient le théâtre, la terreur qu'inspire la loi du sacrilége, une foule de considérations que les circonstances actuelles expliquent suffisamment, la persuasion où je suis que le Dieu de l'Evangile est un Dieu de paix et de miséricorde, et qu'on peut être excellent chrétien sans être catholique, m'ont déterminé à m'adresser à un digne ministre de la religion protestante; je lui ai porté mon fils, il a reçu les noms que son parrain voulait lui donner. Je sens combien cette démarche va me mettre mal avec *Mont-Rouge;* mais sa haine pour moi ne date pas d'aujourd'hui, et je l'ai méritée du jour où j'ai dessiné et lithographié ces *honnêtes Mingrat* sur lesquels la Gazette vient de verser des larmes. J'ai pu m'apercevoir, à la manière subtile dont le portrait de ce saint homme m'a été enlevé, que je ne serais jamais en odeur de sainteté, et j'ai pris le parti de la réforme ».

Agréez, etc.   *Signé :* Raynaud, peintre.

6 Juillet 1825. *(Deuxième page, deuxième colonne).*

Il y a long-temps, dites-vous, que, pour la première fois, nous avons engagé les personnes *qui craignent d'être mal reçues par les prêtres, à ne pas aller les trouver, et vous signalez ce conseil prudent comme la preuve de notre déchaînement contre la religion. Mais* de quelle religion nous parlez-vous? Ce n'est pas de la religion selon l'Evangile, car nos paroles en sont tirées; nous avons redit aux fidèles la leçon de Jésus à ses Apôtres : Si l'on refuse de vous recevoir, secouez la poussière de vos pieds et adressez-vous ailleurs.

13 Juillet 1825. *(Troisième page, première colonne).*

Le curé de Trémouille-Marchal (Cantal), vient d'être arrêté et traduit dans la prison de Mauriac. Il est prévenu, dit-on, de plusieurs crimes capitaux.

14 Juillet 1825. *(Deuxième page, première et deuxième colonnes).* Petite Gazette ecclésiastique.

Nous avons dans le temps signalé l'apparition des Frères charitains; ces Frères manifestaient pour la direction des hôpitaux, *la vocation la plus ardente*, ils jetaient particulièrement sur le vaste établissement de Charenton, *les yeux d'une sainte convoitise*, ils se promettaient, grâces aux malades dont ils prendraient soin, la santé de l'âme et du corps. Il paraît que cet excès de zèle et de dévouement n'a pas trouvé auprès du ministère toutes les facilités dont celui-ci est habituellement prodigue en pareille occasion. Charenton jusqu'à présent continue à être régi par des hommes qui ont fait leurs preuves dans l'administration et dans l'art de la médecine et de la chirurgie.

Les Frères repoussés de ce côté, se tournent d'un autre sans perdre de vue *le service des malades et le soulagement des affligés*, comme ils disent dans un Prospectus imprimé avec permission des autorités ecclésiastiques et civiles; ils font un appel à toutes les personnes exemptes d'infirmités ou de difformités notables, et les invitent à venir prendre des leçons d'obéissance, de pauvreté, de charité et d'hospitalité; la pension du noviciat est de 600 fr. : on peut être admis gratuitement comme tierçaires. L'âge le plus propre pour être reçu est de dix-huit à trente-cinq ans. Il y a de la marge, comme on voit; et *si toute la génération qui se trouve comprise se rend à l'appel*, toute la jeunesse marchera sous la bannière *de l'ordre de Saint Jean de Dieu.* Pourrait-elle hésiter en songeant au grand nombre d'indulgences et de prérogatives accordées à cet ordre par le souverain pontife? Quand ces prérogatives, qu'on peut faire valoir un jour avec plus de succès, se borneraient *au monopole des hôpitaux*, c'en serait assez pour décider les novices à faire vœu de pauvreté!

A propos! ce qu'on nous raconte de ces pauvres charitains, est-il vrai? un détachement de leurs troupes hospitalières est-il arrivé à Paris, il y a moins d'un an, dans un état réel de misère? ce détachement a-t-il bivouaqué d'abord

(23)

dans une salle basse de la rue des Postes? s'est-il peu à peu trouvé nanti des
objets nécessaires, puis des choses agréables? est-il monté du rez-de-chaussée
au premier étage? du premier étage s'est-il répandu dans toute la maison?
quelques mois après, a-t-il acheté la maison et les dépendances? est-il enfin
propriétaire de l'immense établissement dont naguères il louait à grande peine
un petit coin, et nous offre-t-il une nouvelle preuve que Dieu prodigue ses biens

A ceux qui font vœu d'être siens.

Sous cette forme dubitative, si nous avons énoncé un fait, il n'y a rien de
plus vrai que le titre de cet autre bulletin : avantages qui résultent du rétablissement des ordres religieux· Ces avantages sont grands , à coup sûr, pour les
soldats de ces légions conquérantes. et si leurs succès vont toujours croissans,
si les largesses dont parle M. Liautard se répandent toujours sur eux, s'ils
exploitent les missions, *les pensionnats, les séminaires, les hôpitaux*, les
places, les dons gratuits et forcés, les fonds publics et secrets et tout le budget
des affaires ecclésiastiques, il n'y aura pas en effet de meilleure profession dans
ce monde que de travailler pour l'autre, et nous verrons incessamment une
levée en masse de tous les militaires et de tous les employés en réforme, de
tout ceux qui ne font rien ou qui aiment à ne rien faire, *et une grande ar-*
mée en courtes robes, robes longues, en frocs, en capuchon et en scapulai-
res. Quel temps de gloire et de prospérité pour la France!

Doutez-vous des avantages que présentent et surtout que doivent recueillir
les ordres religieux? lisez leurs circulaires; vous verrez que les religieux font
tant de choses, qu'après eux il n'y a plus rien à faire. D'abord, ils sont des victimes volontaires de la fidélité publique; beaucoup de gens seraient victimes au
même prix. Ils font pénitence pour les peuples; pour vous en convaincre, *entrez*
dans leurs palais, dans leurs hôtels, dans leurs collèges, dans leurs chapelles
et leurs cellules resplandissantes d'or, de diamans, d'élégantes broderies;
peut-être direz-vous alors que c'est aux peuples qu'ils font faire pénitence; ils
prient : sans doute, et même ils prient les sacrés cœurs de Marie et de Jésus,
ils attirent les bénédictions du Ciel, et cette rosée céleste se résout en indemnités, en largesses en tributs, en rentes à cinq et à trois.

Que font encore les religieux? C'est ici que le prospectus prend son véritable
caractère. Les religieux fondent des hôpitaux, des maisons de santé, des colléges, des écoles. Il semble en vérité que rien de tout cela n'existe que par eux,
et qu'en leur absence nous serions sans écoles, sans colléges, sans maisons de
santé, sans hôpitaux. L'esprit de cette benigne et pieuse insinuation n'est pas
difficile à saisir, et l'on conçoit, d'après ces fondations et d'après celles dont on ne
parle pas, tous les avantages qui résultent du rétablissement des ordres religieux.

Il ne faut plus s'étonner s'il pleut des frères, des pères, des religieux de toute
espèce; s'il nous arrive d'Italie, d'Espagne, de Russie, d'Autriche, de tous les
bouts de l'Europe, des *trappistes*, des *chartreux*, des *lazaristes*, des *sulpi-*

(24)

ciens, des *missionnaires*, des *charitains*, voire des *capucins*, et surtout des nuées de jésuites qui viennent fondre sur un pays où les bénédictions du Ciel sont si abondantes, et où il en reste encore autant en réserve et en espérance.

. Mais parmi tant de confréries qui sortent de leurs gothiques tombeaux, pourquoi ne voyons-nous pas ressusciter les confréries de la passion? *ceux-ci du moins nous amuseraient;* on sait que ce furent eux qui élevèrent les premiers tréteaux en France; ils jouèrent d'abord d'assez tristes mystères, mais ils s'associèrent bientôt avec les enfans sans souci, et la bande joyeuse représenta, entre autres farces, la Mère sotte, *où figuraient la sainte Église et le pape, la tiare en tête. Nous recommandons à nos lecteurs* un volume fort *divertissant qui vient de paraître*, sous le titre des comédiens et du clergé. Ces noms semblent, au premier aspect, étonnés de se rencontrer à côté l'un de l'autre; mais lisez le petit volume de M. le baron d'Henin, vous y verrez l'élection de l'archevêque et de l'évêque des fous, des vicaires courant les rues avec des fifres et des tambours, des gens masqués et déguisés, dansant dans la nef et le chœur de l'église; vous y verrez la procession de l'âne, celle de Gargouille, celle du rosaire, le jeu des savattes; vous y verrez un ballet donné par les jésuites et dans lequel figurent Vénus et Cupidon; car ces bons pères, pour être tragiques sur la scène du monde, n'en sont pas moins comiques dans leurs pièces de théâtre; ils ont, sous ce rapport, rivalisé avec les acteurs de la Mère sotte et de la Mère folle.

16 Juillet 1825. *(Troisième page, première et deuxième colonnes).*

Les *Petites Affiches* de Valenciennes du 13, nous fournissent les faits suivans: Monseigneur l'évêque de Cambray était attendu la semaine dernière à Solre-le-Château, gros bourg de l'arrondissement d'Avesnes, le garde-champêtre avait été placé par les autorités sur la route par laquelle Monseigneur devait arriver, avec ordre de les prévenir aussitôt qu'il apercevrait une voiture (car qui eût pu supposer que deux voitures arrivassent à Solre dans la même journée). Les enfans de la commune s'étaient aussi précipités en foule sur le grand chemin, et tous attendaient avec impatience le prélat de qui ils devaient recevoir la confirmation; après une longue attente, paraît un assez joli cabriolet, dont le cheval, recouvert d'un filet et bien harnaché, avait de grosses houpes jaunes aux oreilles: plus de doute, c'est Monseigneur, un chapeau de paille bronzé suspendu sur le devant de la voiture se balançait avec grâce, et dans l'intérieur on voyait un homme d'un âge mur, en bonnet de soie noire et en bésicles. Les enfans se jettent à genoux sur son passage pour demander la bénédiction, et font retentir les airs des cris: Vive Monseigneur! Le garde-champêtre court avertir le conseil municipal assemblé, qui se met en marche pour complimenter Monseigneur; on sonne toutes les cloches, et ce n'est qu'au moment de la harangue que plusieurs membres du conseil, épiciers de leur état, reconnaissent dans le fatal cabriolet un commis voyageur en teintures d'Amiens, que les affaires commerciales amenaient à Solre; l'évêque arriva réellement le lendemain, mais ce jour-là, de crainte de se tromper, on ne sonna seulement pas les cloches.

20 Juillet 1825. (*Première page, troisième colonne*).

On lit dans l'*Ami de la Charte* du Puy-de-Dôme, ce qui suit:

Nous avons reçu par diverses voies, et par des personnes dignes de confiance, la nouvelle de l'arrestation d'un prêtre desservant d'une petite paroisse de l'arrondissement de Maurillac. Il est prévenu de crimes qui rappellent les attentats du curé Mingrat dans le département de l'Isère; il a été arrêté et conduit dans les prisons de Maurillac le sept juillet présent mois. M. le juge d'instruction et M. le substitut du procureur du Roi se sont transportés sur les lieux où l'on présume que le crime a été commis, pour commencer l'information. Nous ferons connaître la décision de la chambre des mises en accusation, et les débats qui s'ensuivront si la justice ordonne la poursuite de l'affaire.

21 Juillet 1825. (*Page deuxième, première colonne*).
Petite Gazette ecclésiastique.

M. P....., curé de M..., a refusé d'admettre à la sainte Table une jeune fille de quatorze ans, parce que le père de cet enfant n'allait pas à confesse, et il lui a déclaré le motif de ce refus publiquement le jour de la cérémonie en présence de ses compagnes. Il nous semble que M. le curé s'est montré plus rigide que Dieu lui-même; un poète religieux a dit:

> Dieu ne recherche point, aveugle en sa colère,
> Sur le fils qui le craint, l'impiété du père.

A plus forte raison n'ordonne-t-il pas de punir un enfant d'une omission que ses parens peuvent avoir commise, non-seulement sans manquer à la piété; mais peut-être par un principe louable et religieux. Les personnes qui se confieraient volontiers à un pasteur vénérable par son âge et par sa prudence, pensent quelquefois accomplir un devoir, éviter des abus et du scandale, en ne rendant pas un prêtre trop ardent dépositaire de leur secret. M. le curé nous paraît encore avoir oublié le commandement, père et mère honoreras; car il a, autant qu'il est en lui, porté atteinte au respect filial, par un éclat et une sorte d'affront public, qui devient plus grave à cause de l'autorité de son caractère.

Nous aimons encore à douter de l'exactitude d'un fait que nous signale un habitant d'un village voisin de Paris... D'après son récit, un malheureux maçon, père de cinq enfans, et réduit à la plus grande misère par suite d'une longue maladie, vient à succomber; les amis du défunt se rassemblent pour lui rendre les derniers devoirs. Ils se rendent auprès du curé qui s'enquiert des moyens de la veuve. On lui répond qu'elle est dans l'impossibilité de payer le service, mais qu'elle l'obtiendra sans doute de la charité chrétienne du pasteur. « Je suis bien fâché réplique celui-ci; le prêtre vit de l'autel, et je ne travaille

4

pas pour rien. » On se borne alors à le prier de prêter le drap mortuaire, même refus, et comme dit le bonhomme.

Le nouveau saint ferme sa porte.

Les ouvriers ont enterré leur camarade, et ont suppléé à ce qu'il n'obtenait pas, autant que leur propre indigence le leur a permis.

Bien qu'il nous soit plus agréable de ne pas ajouter foi à de pareils actes, qui nous semblent si peu d'accord avec les exemples des premiers apôtres et les préceptes de J.-C. que l'Évangile nous représente chassant du temple les vendeurs et les acheteurs, nous sommes obligés de dire qu'on nous transmet des détails de fiscalité peu dignes du ministère apostolique. Une pauvre commune est prévenue qu'elle recevra la visite pastorale de l'évêque, et que celui-ci administrera la confirmation. En conséquence, MM. les pasteurs font l'instruction aux enfans dont le nombre est considérable, et leur instruction se termine par une petite loi de finances : un impôt de 75 c par tête est décrété; pour le payer c'est une dépense; les frais de la première communion étaient encore récens. Il faut ce jour là vêtir proprement les jeunes chrétiens; il faut leur acheter un cierge, il faut y ajouter des cadeaux pour le curé, le maître ou la sœur d'école. La nouvelle rétribution arrivait mal, aussi fit-elle jaser et même crier : bref, le tribut fut réduit à 25 c., mais comme condition *sine quâ non*. Les centimes additionnels furent payés et la confirmation eut lieu.

C'est un don volontaire! vont s'écrier les journaux qui ont raconté avec attendrissement les aumônes et les largesses des fidèles, à l'occasion des reproches que l'on adressait à un curé qui avait requis de ses paroissiens sept chariots pour voiturer son bagage. Nous convenons que les pauvres qui ont acheté au prix du denier de la veuve l'autorisation de faire confirmer leurs enfans auraient pu garder chez eux et leurs enfans et leur argent; mais il n'en est pas moins vrai que les cotisations ordinaires et extraordinaires jointes aux quêtes, aux perceptions des convois, des messes, des mariages, etc., doivent enfler singulièrement le budget des affaires ecclésiastiques, qui déjà est énorme. Il n'est pas moins vrais qu'il y a loin de cette conduite à la conduite de la primitive Église, et de ce régime fiscal, au désintéressement évangélique.

Nous parlions tout à l'heure de centimes additionnels ; c'est fort sérieusement qu'on veut faire à Châlons un appel à ce fonds municipal pour suppléer aux quêtes dont le résultat n'a pas été aussi satisfaisant qu'on l'espérait. Les frais de grilles, de chœurs, de stalles, de chapelets, de tableaux, etc.... ont épuisé les bourses les plus dévotes ; il s'agit cette fois de cinq cloches, ni plus ni moins. Châlons en possède deux qui se font entendre à plusieurs lieues à la ronde Le chapitre et la fabrique ont fait un marché pour les fondre et transformer leurs bourdons, dignes de Notre-Dame de Paris, pour des criardes comme disent les mécontens de l'endroit. Criardes ou bourdons, il n'importe

guère ; mais ce qui importe , ce sont les vingt-cinq mille francs que ce change-
ment coûtera , et qui *seraient mieux employes à la réparation des chemins vici-
naux.* Il est vrai que pour vingt-cinq mille francs , les paroissiens jouiront d'un
double spectacle, de la descente des cloches anciennes et du baptême des cloches nouvelles. L'archevêque sera parrain de la plus belle; les autres seront assis-
tées dans cette religieuse cérémonie *par les chanoines et les sœurs de la provi-
dence.* Est-ce trop de vingt-cinq mille francs *pour une pareille fête?* Faut-il
ajouter foi à ce qu'on nous assure? Est-il vrai que M. Demonville paye une
somme à peu près égale pour obtenir le privilége qui fait tant de bruit parmi
ses confrères , et qui s'accorde difficilement avec l'égalité des droits et la liberté du commerce ?

25 Juillet 1825. *(Deuxième page , deuxième colonne et troisième
page , première colonne).*

« Nous sommes bien fâchés que nos adversaires aient si peu de goût pour les
procès-verbaux ; nous en avons eu sous les yeux que nous pourrions transcrire;
nous nous bornerons a en extraire l'historique. L'affaire, au reste, a pris un
caractère juridique, et il en résulte une question importante : la loi qui con-
cerne les fêtes s'applique-t-elle aux octaves de ces fêtes ? Les processions à
jour fixe , qu'on peut en conséquence ne pas rencontrer en se renfermant chez
soi, peuvent-elles donner lieu *aux mêmes exigeances* et aux mêmes rigueurs, si
elles se renouvellent au bout de la huitaine par le bon plaisir de quelques membres du clergé , *bon plaisir dont les citoyens ne sont pas légalement avertis ?* En
attendant que le point de droit soit décidé , voici le fait :

Le jeudi, neuf juin , vers sept heures du soir, M.... traversait en carriole un
village de Bar-sur-Aube. Ce jour et à cette heure , M. le curé du lieu faisait la
procession. Un reposoir occupait la moitié de la largeur de la route , l'autre
moitié était laissée à la circulation ; M.... arrive à cet endroit et le dépasse sans
obstacle , lorsque M. le maire lui dit tout à coup de s'arrêter et d'ôter son
chapeau. Le voyageur qui tenait les guides de son cheval , et *qui d'ailleurs était
à une certaine distance du reposoir* fit observer au maire ces deux circonstances ,
et ajouta qu'il était en sueur. Nous n'affirmons pas, mais on nous rapporte que
le maire répliqua par une injure à laquelle le voyageur n'opposa que cette raison : «*Vous ne devez pas faire la procession aujourd'hui.* » Sur-le-champ, le
cheval, la voiture et l'homme sont arrêtés et conduits dans une auberge du pays :
descendu de voiture, le voyageur usait de la faculté d'aller à pied, lorsque trois
hommes armés le saisissent au collet, le tirent chacun dans un sens, lui enlè-
vent ainsi son habit, et se seraient , dit notre correspondant, livrés à de plus
mauvais traitemens, si un habitant de la commune n'eût observé qu'il ne fallait
pas maltraiter un homme qui ne faisait aucune résistance. La procession finie, on
dressa procès-verbal.

Dans ce procès-verbal, on nommait les propos injurieux du maire, et on en impute de la même espèce au voyageur: celui-ci protesta aussitôt , et déclara ce que nous avons rapporté. Quelques actes de violence suivirent cette scène ; les papiers du voyageur furent saisis et visités , et au bout de deux heures on le laissa poursuivre sa route.

L'affaire n'en n'est pas restée là ; M.... vient d'être cité au tribunal de police correctionnelle de Bar-sur-Aube. Là il n'a été interrogé ni sur le procès-verbal du maire, ni sur sa protestation ; mais sur un acte nouveau , une amplification d'accusation dont voici la teneur :

« L'an 1825, le vingt-cinq juin, à la requête de M. le procureur du Roi du tribunal de Bar-sur-Aube , etc. C'était le jour de l'octave de la procession du Saint-Sacrement. Les habitans de cette commune, après les travaux de la journée, précédés des autorités, suivaient avec recueillement leur vénérable pasteur. Déjà la procession atteignait le reposoir établi sur la grande route ; des voitures s'étaient arrêtées ; ils joignaient leurs prières à celles des fidèles , lorsqu'on entend rouler avec la plus grande rapidité une carriole. M. L... la conduisait ; on eût dit qu'il craignait de laisser échapper une occasion favorable ; cependant il touchait la procession et pressait son cheval sans s'inquiéter du danger auquel les assistans étaient exposés. M. le maire d'A..., dont l'attention avait été détournée, invita le sieur L..... à arrêter sa voiture, et à se découvrir. C'est alors que celui-ci crut avoir rencontré le prétexte qu'il cherchait pour exhaler ses sentimens anti-religieux , il répond en jurant et en enfonçant son chapeau davantage. Il crie qu'il est étranger à la religion catholique, et qu'il ne se soumet pas à ses cérémonies. Il demande de quel droit on se permet de faire ce jour-là une procession à A.... comme si la différence de religion l'eût jamais autorisé à outrager celle de l'état, et comme s'il appartenait à M. L... d'apprécier le plus ou le moins d'opportunité d'une cérémonie religieuse ; et, dans toute hypothèse, avait-il le droit d'offenser ses concitoyens dans l'objet de leur culte? Cependant, on avait cessé de chanter. La procession était arrêtée. Tout demeurait comme suspendu ; le désordre n'aurait pas manqué de s'accroître, et le sieur L .... lui-même n'aurait pas manqué d'en être victime, si son arrestation, ordonnée à l'instant par M. le maire, n'eût été effectuée. Le sieur L.... employa les courts instans de cette arrestation à insulter de nouveau à la piété des habitans d'A.... et à la conduite de leur maire. Attendu que ces faits constituent le délit prévu par les articles 261 et 262 du Code pénal , et 13 de la loi du 20 avril 1825, etc.

ENSUITE DU RÉQUISITOIRE

Dont copie. est en tête des présentes, est l'Ordonnance de M. le premier Président,

AINSI CONÇUE :

Soient les rédacteurs responsables des journaux intitulés, le *Constitutionnel* et le *Courrier*, assignés, savoir : le rédacteur du *Constitutionnel*, à l'audience du samedi 19 novembre prochain, heure de midi, première et troisième chambres réunies, et le rédacteur du *Courrier*, au lundi 21, mêmes mois et heure, première et deuxième chambres réunies.

Au Palais, ce dix-neuf août 1825.

Signé : **L. P. Séguier.**

L'an 1825, le 20 août, à la requête de M. le procureur-général près la Cour royale de Paris, conseiller d'état, grand officier de l'ordre royal de la Légion-d'Honneur, lequel fait élection de domicile en son parquet, sis au Palais de Justice à Paris.

Nous Lucien Hyppolite Vuillemot, huissier audiencier à la cour royale de Paris, y demeurant quai des Augustins, n°. 37, patenté le 7 avril dernier, n°. 18, troisième classe, soussigné, avons notifié et, avec ces présentes, donné et laissé copie au sieur Joachim-Joseph-Marie Guise, éditeur responsable du journal le *Constitutionnel*, demeurant à Paris, rue Mouffetard, n° 106, ci-devant et actuellement rue du Four-Saint-Germain n° 26, en son domicile où étant et parlant à sa personne ainsi qu'il à dit être,

1° Du réquisitoire fait et dressé par M. le procureur-général, le 30 juillet dernier, contre ledit sieur Guise, en sa qualité d'éditeur responsable ; 2° du cahier des articles incriminés, extrait dudit journal le *Constitutionnel*, par M. le procureur général ; 3° et de l'ordonnance de M. le premier président de ladite cour royale, contenant permission d'assigner le susnommé en sadite qualité d'éditeur responsable, le tout duement signé, à ce qu'il n'en ignore, et en vertu de ladite ordonnance de M. le premier président, en date de cejourd'hui, nous lui avons, à mêmes requête et élection de domicile que dit est, donné assignation à comparaître, le 19 novembre prochain, heure de midi, à

**OBSERVATIONS
EN RÉPONSE.**

l'audience solennelle de la Cour royal de Paris, séant au Palais de Justice, première et troisième chambres civiles réunies, pour répondre et procéder sur et
aux fins dudit réquisitoire, et voir adjuger à M. le procureur général les conclusions prises par icelui, et sous toutes autres et plus amples réserves de fait
et de droit, et se voir en outre, ledit sieur Guise, condamner aux dépens. Et je
lui ai, à domicile parlant que dit est, laissé la présente copie.

VUILLEMOT.

Imp. CARPENTIER-MÉRICOURT, rue de Grenelle-St-Honoré, n. 5g.

www.ingramcontent.com/pod-product-compliance
Lightning Source LLC
LaVergne TN
LVHW010433060726
842526LV00005B/1779